温《おん》泉《せん》浴衣《ゆかた》をめぐる旅

スタジオクウ
ひよさ＆うにさ

イースト・プレス

はじめに

こんにちは、スタジオクゥのひよさです。相変わらず相棒うにさとふたり、よく喋りよく笑いながらイラストを描いています。

専ら仕事を中心に生活している私たちですが、仕事の合間に話すことの大半が、次の休日のこと。ちょっと時間が出来たなら……、次のギャラが入ったら……、あれが食べたい、あそこに行きたい。

そんな私たちの3冊目となるこの本は、旅のお話です。

皆さんは旅に出る時に何を手掛かりに行き先を決められますか？　その土地の名物料理やお土産、お祭や年中行事、温泉や絶景ポイント、スポーツや鉄道が決め手になることもあるでしょう。

この本では、普段あまり目的とされることのない宿泊先の浴衣を振り出しとしています。

お宿の浴衣って、寝間着のこと？

ハイ、寝間着としての機能も持つものです。最近は、選べる浴衣のサービスを提供しているお宿も多くありますが、私たちが会いに行くのは、そこにに泊まった人たちが宴会に揃いで着るような昔ながらのお宿の浴衣。温泉街で浴衣を見ただけで、どこのお宿に泊まっているかがわかるような浴衣たちのことです。

この本では、お宿に温泉の有る無しに関わらず、そんな浴衣を『温泉浴衣』と称しています。

温泉浴衣には、その土地やお宿のこだわりが醸し出されています。一目見ただけで忘れられなくなるような頓馬な柄や、しみじみと好きになるような浴衣もあります。その1枚を羽織るだけで、一足飛びに気分は非日常。着るものを選べる時代に、老いも若きも同様にお仕着せを着せられるおかし味。ある種、誰もが等しくステキで間抜けになれる温泉浴衣。

そんな『温泉浴衣をめぐる旅』へようこそ。

目次

はじめに……二
序章……六
第一章　船原温泉　静岡県……十一
コラム1　名物づくしの浴衣　「東府やResort&Spa-Izu」静岡県……二八
第二章　伊東温泉　静岡県……三一
コラム2　日本の寝間着　「ホテル龍名館東京」東京都……四八
第三章　四万温泉　群馬県……五一
コラム3　入浴システムと温泉浴衣　「道後温泉本館」愛媛県……七〇
第四章　大船渡　岩手県……七三
コラム4　歴史が香る温泉浴衣　「鳴子温泉　旅館姥の湯」宮城県……九二
第五章　大沢山温泉　新潟県……九五
コラム5　おみやげの温泉浴衣　「箱根湯本ホテル」神奈川県……一〇六

第六章　日奈久温泉　前編　熊本県……一〇九
コラム6　日奈久温泉宿巡り　part1……一二六
第七章　日奈久温泉　後編　熊本県……一三三
コラム7　日奈久温泉宿巡り　part2……一五四
第八章　別府温泉郷　大分県……一六一
コラム8　おもてなしの温泉浴衣「山田別荘」大分県……一八四
第九章　湯平温泉　大分県……一八七
コラム9　オリジナルの浴衣……二〇六
第十章　高峰温泉　長野県……二一一
コラム10　浴衣で始まる冒険「信貴山観光ホテル」奈良県……二一八
番外編　井崎一夫をめぐる旅……二二一
巻末付録　温泉せんべい座談会……二三三
お宿とお湯のインデックス……二四四
あとがき……二四六

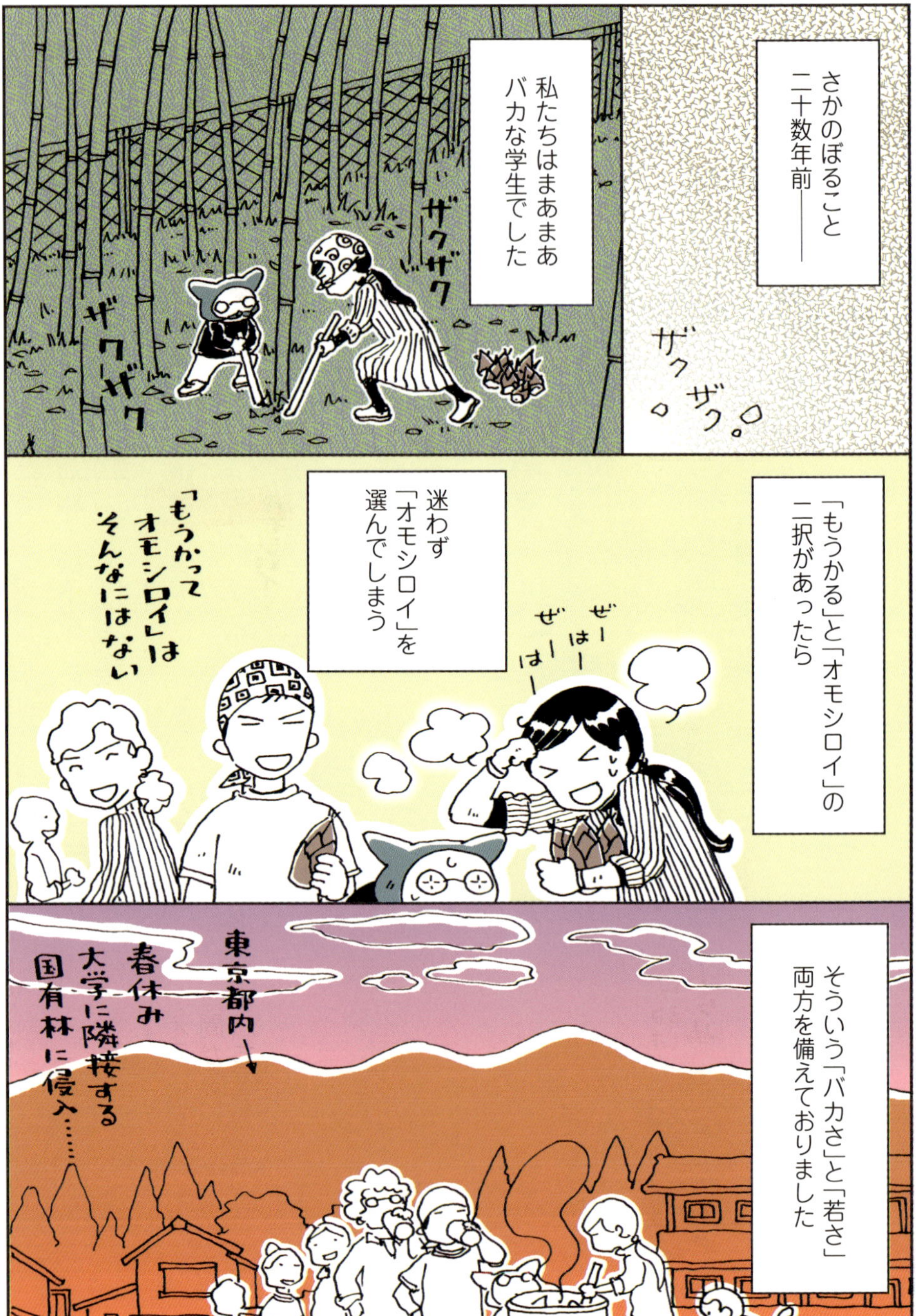
さかのぼること
二十数年前——
ザク ザク。
私たちはまあまあ
バカな学生でした
ザクザク
ザクーザク
「もうかる」と「オモシロイ」の
二択があったら
ぜー はー
ぜー はー
迷わず
「オモシロイ」を
選んでしまう
「もうかって
オモシロイ」は
そんなにはない
そういう「バカさ」と「若さ」
両方を備えておりました
東京都内
春休み
大学に隣接する
国有林に侵入……

月日は流れて
現在――
どぉもー
ひよさでぇす
うにさでぇす
(女子↓)
てんつく
てんつく
つくてん
つくてん
てんてん
そのまんま
オバチャンになった
私たち
二人あわせて
スタジオクゥでーす
コンビで
イラスト描いとりますぅ
てんつく
てんつく
てんてん
気持ちは相変わらず
バカなことをやりたいけど
オモシロイことを
やりたいかー
おーっ
グキッ
グキ
体はすっかり
オバチャンに
なってしまい
とにかく
すぐ疲れる
体を痛める
イテテテ…
ズキン
ズキン
ツキン
ツキン
必然的に
「バカなことを
考えている
時間が長い
オバチャん2人」に
なにしろ
おとなは
仕事もしなくては
いけない
まっとうな
社会人の
仮面も
かぶらねば
ならぬ
庭そうじ
とか……
ババババッ

そんなある日――
あ
そうだ
うにさにいいもの見せてあげよう
何?
オモシロ猫動画?
※住居兼仕事場を長年シェアしております
詳しくは『おひとり様のふたり暮らし』(イースト・プレス)をお読み下さい!
ねーねー
このフォルダ開いてみて
えー
仕事ちゅうなんだけどー
カチカチッ
お
何コレカワイイ!!
ガバ
クス
そうじゃろうって
私は常日頃からPCの中に「お楽しみ」フォルダを作成しています
おいしい
ヘンな食べもの
カワイイ
泊まってみたい
お土産いろいろ
気になる場所
純喫茶
ヒミツ
バカな動画
パン
そして時々うにさに見せてみる
これとかこれとか

その中でも
「オモシロ温泉浴衣《ゆかた》」フォルダが
なかなかの充実ぶりを見せてきた
ところだったのです
♪うわぁい
すごいヘンな柄!!
カワイー
グキッ
見た目はオタク
中身はオッサン乙女な
うにさは
すぐに食いついた
でしょー
うにさは
ホントに
かんたんに
釣れるなあ
おんせん
浴衣
いいよね……
もう
言葉のひびきがイイ。
ズキ
ズキ
ふー
そろそろ冬だし
築60年越しの
この家
めっちゃ寒いし
なんならまだ
夏の疲れが残ってるし
………
厚着すると
肩コリ
ひどいしな……。
なんといっても
着てみたいよね
カワイイ
お宿浴衣
うにさっ
それだ!!
ガッ
若さも体力もない
私たちにできる
バカバカしいこと!
ぱあああぁっ
まて
まてっ!!

行こう！温泉浴衣をめぐる旅に！
こうして私たちの旅は始まった
仕事は？お金は？
なんとかなる！たぶんね！

第一章　船原《ふなばら》温泉　静岡県

静岡県伊豆市上船原864-1 「伊豆の箱庭」を中心に静岡県内で出没。
http://www.ishigamaya.com/

12月初旬
私たちは とあるお宿の
温泉浴衣を着るために
伊豆半島に向かっています
行くぜ温泉！
着るぜ浴衣!!
レンタカー
伊豆半島にはたくさんの
温泉地がありますが
今回目指したのは
天城温泉郷のひとつ「船原《ふなばら》温泉」です
中伊豆とも呼ばれる
エリアです
静岡県
駿河湾
熱海
修善寺
伊東
船原温泉
天城山
相模湾
大島
下田
海
山
ひじょうにざっくりですがおわかりいただけますでしょうか
伊豆に旅行っていうと
つい海辺の宿を選んで
しまいそうになるけど
反射的に海鮮をね
「温泉浴衣を
目指して行く旅」だと
いつもと違う
選択ができて
ワクワクするねぇ
海鮮は日本人のDNAに組み込まれているんだよ
テキトー
そういうコンセプト《しばり》の
旅行なのであります

浴衣のチェックは
入念にしてきましたが
周辺情報はたいして
仕入れてこなかった私たち
なにしろ
編集さんから
OKが出たのが
一週間前
だった
行ってヨシ
編集Kさん
まあ心配は
してないんだよね
だって
伊豆だから!
え……
どういう意味?
伊豆といえば
古くからの観光地
必ず「謎施設」が
あるはず……!!
な
謎施設ぅ……?
なんじゃソレ
説明しよう
観光地には
博物館や美術館などの
展示施設が
多く存在する
ヤッターマンの富山敬か?
概ねは趣旨が明快で
わかりやすい
テディベア・ミュージアムとか
オルゴール博物館とか
ガラス工芸館とか……
はっきりしてないと
ファミリー層が入場していいか
どうか悩んじゃうからね
ある意味「秘宝館」も
アダルトでわかりやすい
といえる。
どっちもお城っぽい?

しかし
時おり
収集・展示の趣旨が
微妙に不明瞭な施設が
存在するのです
ファミリー困惑
個人の趣味が
炸裂しすぎて
迷走している
というか
入るのに
少し勇気を
必要とするような
ところ
伊豆半島には
なぜか多いらしいんだよね！
「探偵ナイトスクープの『パラダイス』的なやつね？
そんな
行き当たりばったりで着けるの？
あっ
うにさ
止めて止めて止めて！
キッ
しいたけ
マドレーヌ
バーーン
マドレーヌ……？
しいたけ……？
中伊豆エリアに入った私たちは
「何かある」という
確信を強めたのでした
もちろん
しいたけマドレーヌは
買ってみましたよ！

目につくものに
心奪われながら
目的地に向かう道中
それは唐突に
現れたのでした!!
?!
伊豆極楽苑
これはぜったい
謎施設!!
だよね！
その名も
「伊豆極楽苑《ごくらくえん》」!!
笑顔で出迎える鬼を
素通りなど
できはしません
わーい
わーい
大人2枚ください!!
ハイ
では……
すーっ…
最初に15分ほど
「人は死んだら
どうなるのか」
というお話を
聞いていただきます
あれ……
なんかちょっと……
ん?
ん?
靴を脱いで
中にお入り
ください……
は
はいっ

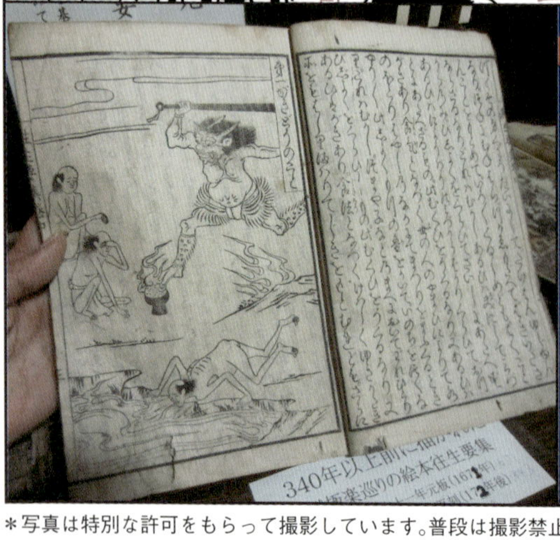

＊写真は特別な許可をもらって撮影しています。普段は撮影禁止。

浮気の裁判
男には猫、女には蛇が！
収集物というよりは
入魂の手作り!!
しかもちゃんと「作りたい物」が作れているというレベルの高さ！
もうほとんど「シュヴァルの理想宮」じゃないの!!
「シュヴァルの理想宮」とは
フランスの郵便配達人シュヴァルが33年をかけて1人でコツコツと作り上げた建築物です

解説が終わって
あのう……
はい？
楽しかったでしょうね！
これを作るのは…
唐突だな!!
夫の父が作り始めたんです
ぱあぁ
もう亡くなってしまったんですけど
おじいちゃんがやりたかったことですし
続けないと！と思って
うんうん
おじいちゃんの渾身の手作りなのね
今は夫と夫の弟が作り続けているんです
最近は東京の美大に行っている子どもも帰って来た時に手伝ってくれてます
え
世代交代してるの？
もはやサグラダファミリア級!?
1882年着工
いまなお未完の教会
アントニオ・ガウディ設計
2026年完成予定らしい

予期せぬ壮大さに
たじろぎながら
2階の展示室へ
楽に渡れる渡船
山水瀬
三途の川
よく作って
あるなあ……
ものすごい労作だ
細部への
こだわりが
スゴイ
一体一体に不思議な
リアリティがあるのよね

日本人に限ったことか
どうかはわからないけど
「地獄を三次元化することにハマる人」は定期的に出現している気がするよ
たとえば……
映画『地獄』1960年
中川信夫監督
天知茂主演
鬼に舌を抜かれるシーン
痛い!
皮をはがされた男
痛いどころじゃない!
映画『地獄』1979年
神代《くましろ》辰巳《たつみ》監督
原田美枝子主演
もわっと
虫人間
ズルズル
石臼で挽かれたのち
体が再生する
岸田今日子
なんかこう可視化したくてたまらない気持ちはよくわかる!
ハマったらヤバいね!!
地獄に落ちてからの段取りも魅力があるし
鬼や閻魔大王や牛頭馬頭《ごずめず》なんかの異形の者も作り放題
有橋渡とか
江深淵とか
そしてなんといっても責め苦のバリエーションが腕の見せどころだよね…
新しいのを考えたいわ
「これはもう家業になってもいたしかたない規模のテーマだ」と深く納得した私たち

＊HPによると「伊豆極楽苑」は「あの世を体験する」というテーマの施設です。明快。

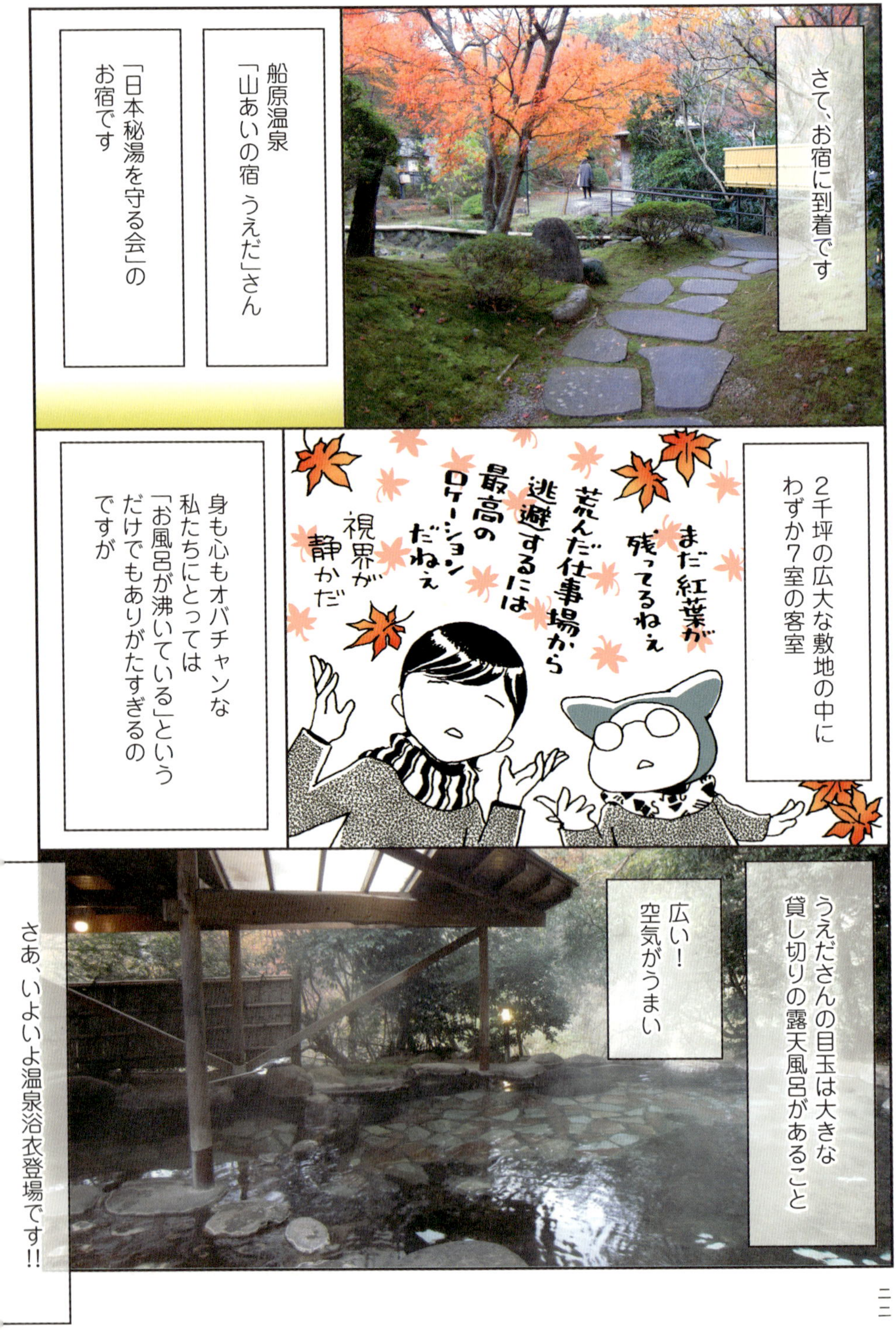
さて、お宿に到着です
船原温泉
「山あいの宿 うえだ」さん
「日本秘湯を守る会」の
お宿です
2千坪の広大な敷地の中に
わずか7室の客室
まだ紅葉が残ってるねぇ
荒んだ仕事場から逃避するには最高のロケーションだねぇ
視界が静かだ
身も心もオバチャンな
私たちにとっては
「お風呂が沸いている」という
だけでもありがたすぎるの
ですが
うえださんの目玉は大きな
貸し切りの露天風呂があること
広い!
空気がうまい
さあ、いよいよ温泉浴衣登場です!!

うわーい
カワイイっ
シイタケ人間!!
地元名物柄!
うわー
うわー
カンペキな
温泉浴衣ですね
気に入ってもらえました?
それは
よかった!
うちは昔から
この柄なの
おかみさん

どういう
いきさつで
この柄に
なったんですか?
すごく上手い絵だと
思うのですが!
沸《わく》
沸《わく》
えーっとね
オーナーの
生家も宿屋を
やっていましてね
戦後のことだと思いますが
あるお客様が
その頃お出ししていた
名物料理を
とても気に入ってくださって
絵を描いてくださった
らしいんですよね
実は元になった絵が
残っているんですけど
見てみます?
え
見せてください!!
じゃあ持ってきてもらうので
ちょっと待っててねー
2千坪に
ひびき
わたる
えーーっ
原画が残ってる
なんて!!
私たち
何か引き
当てた?
パタ
パタ
パタ
パタ
想定外の出来事に
興奮が抑えられない
私たちは
沸きすぎて
ユデダコとユデイカに
シュー
シュー

狩野川のあゆ
椎茸マドレーヌ
絵の到着を待ちわびながらおやつで気持ちを落ち着けることに……
↑お部屋菓子「狩野川の鮎せんべい」
パリ パリ
あ
この鮎せんべいしいたけマドレーヌと同じお店のよね
パリパリ
長く愛されるウマさ
三芳屋製菓
もぐ もぐ
煮しめた椎茸と洋菓子がこんなに相性がいいとは！
ホロホロの生地としっとりシイタケがおいしい！
そわ そわ
そうだ
途中で買ったわさびを冷蔵庫に入れておかなくちゃ
鮎正宗《あゆまさむね》だって…
←冷蔵庫に入ってた
新潟のお酒
SaKe
「猪最中《もなか》」も買ってきたらよかったね
そしたら浴衣の柄をコンプリートできた！
予約をすれば夕食に猪も食べられるみたいだよ
そわ そわ
そわ そわ
さらにヨガなどをやってみたりして…
部屋におあつらえむきの広いデッキが
絵が届きましたよ——

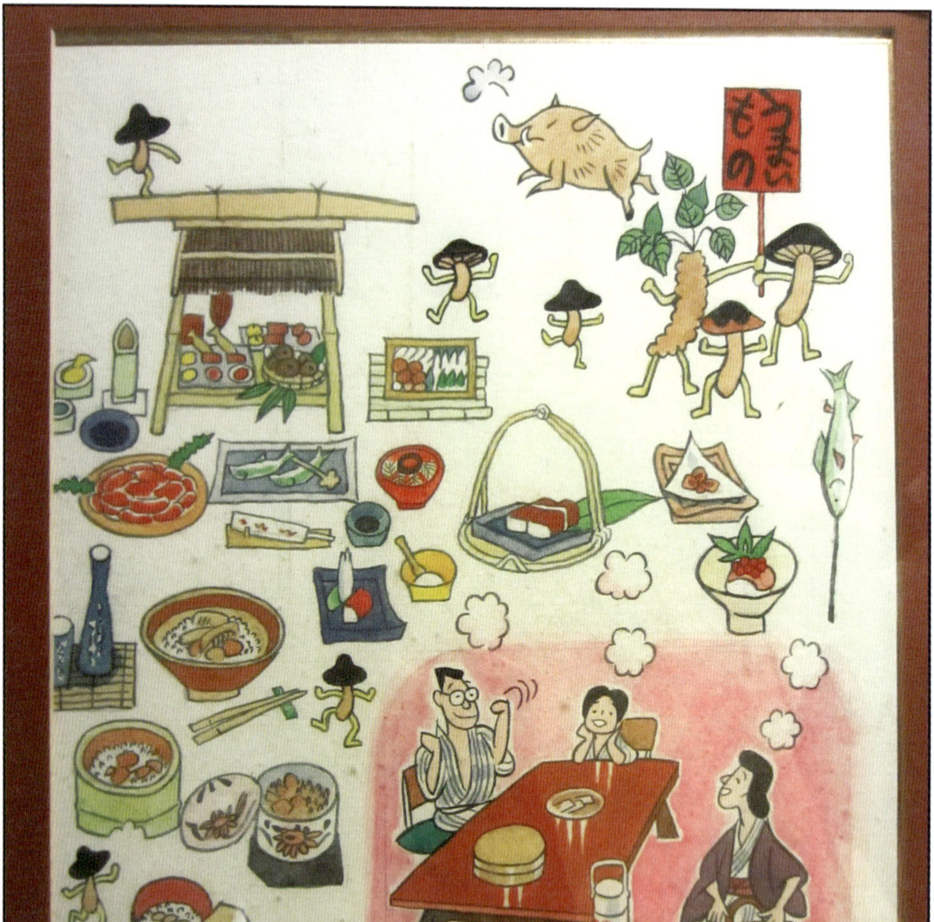
うまいもの
これなんです
おおーっ
これは!!
どう見てもプロの絵だ!
ステキ!
料理がおいしそう!楽しい!!

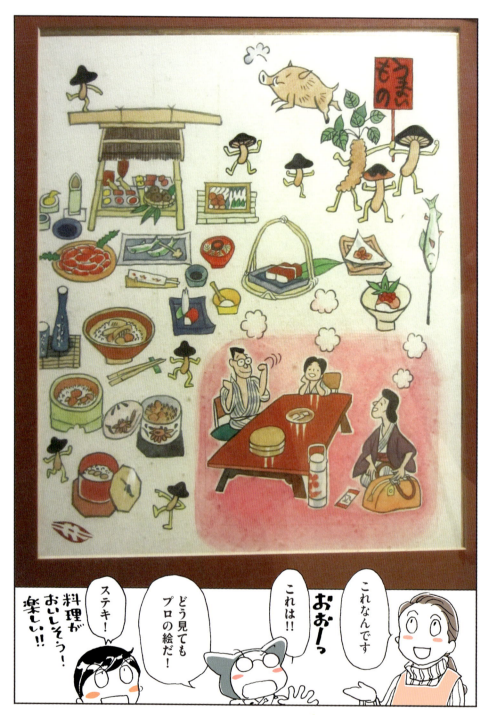

ここ
サインが入ってますねっ!!
はい
オーナーは子どもでしたからうろ覚えなんですが
「イザキカズオ」さんって方だそうです
どういう方なのかはわからないんですけどね
それにしてもカワイーっ
ますますこの浴衣が好きになったよ!
イーザーキー カーズーオー
ネット情報はほとんど無いけど
たぶんこの人だね
「井崎一夫」
「漫画家」
え?
え?
やっぱりプロだ!
「温泉漫画を得意とする」
温泉漫画って
何?
そんなジャンルが……?
キラッ?
キラッ?
うわーーん
こんな謎だらけじゃ終われないよーーーう
旅を続けたらわかるんじゃない?
たぶん! きっと!!
キラッ
キラッ
こうして旅は続くことになった!

第一章 おしまい

名物づくしの浴衣

column 1

東府《とうふ》や Resort & Spa-Izu

静岡県

「山あいの宿うえだ」さんから車を走らせること10分足らず、私たちは、奈良時代の僧行基《ぎょうき》によって発見されたとの謂れのある、吉奈《よしな》温泉《おんせん》に立っていた。山と川に囲まれた静かな山里に、今はお宿は2軒のみ。しかし、ここに、天城の名物を見事にモチーフにした浴衣がもう一種類存在するのであるから、温泉浴衣ハンターを目指す私たちとしては、見逃すわけにはいかない。

お訪ねしたのは、2010年に、純和風旅館からリゾート&スパとして生まれ変わった「東府や」さん。

「私も大好きな柄でしてね、何が描かれているか、全て判りますか？」

浴衣を持ってニコニコと語られるのは女将の城所倫代《きどころみちよ》さん。

猪に鹿、椎茸、わさび、雉《きじ》、お魚は鮎の形じゃないからアマゴかヤマメかな？　そして、最後の1つが難しい。なんだろう？

「浄蓮《じょうれん》の滝なんですよ」

①：天城の名物を配した浴衣。②：浄蓮の滝もモチーフに。③：お宿オリジナルのポンチョ。（購入可能）④：Bakery & Tableでのスープランチセット。

⑤：露天風呂「行基の湯」。⑥：古い小さな橋があちこちに見られる静かな山里。⑦：「Bakery＆Table」で、足湯に浸かりながらのランチ。

⑧：売店にはオリジナル商品も多数。

⑨：大正館芳泉とクラッシックカー。

名曲「天城越え」が頭をかすめ、なるほど、景観も名物の一つであるなぁ……と頷いた。昭和30年頃に白地に紺のデザインで作られたものを、宿をリニューアルする際に色や柄の大きさを変えて引き継いだのだそうだ。型染めらしいデフォルメが愛らしい浴衣である。

温泉は一般の立ち寄り湯としては解放されていないが、ランチやスパと組み合わせた日帰りコースなども設けられている。元は、2軒分の旅館の敷地であり、更に遡ると、その一部は財界人の贅を極めた別荘であったという。広大な面積を有する施設の庭には、宿泊棟や温泉棟とは別に、大正館芳泉「カフェアールデコ」や「Bakery & Table」などの、予約無しで軽いお食事が頂ける場所も点在している。数日泊まってお宿の中を散策し尽くすもよし、私たちのように日帰りでふらりと遊びに行くもよし、自分プランでいかようにも楽しめるお宿だ。

12月の暖かい日、吉奈温泉で見た、苔むした低い石垣や小さな古い橋のいくつかは、長く続く人の営みを物語っているように見えた。■

ADRESS……静岡県伊豆市吉奈98　TEL……0558-85-1000　http://www.tfyjapan.com/

出先で
デジカメに保存した
画像を見たら、
映画「地獄」の
名シーンが
いっぱい出てきて
ギョっとした。

第二章　伊東《いとう》温泉　静岡県

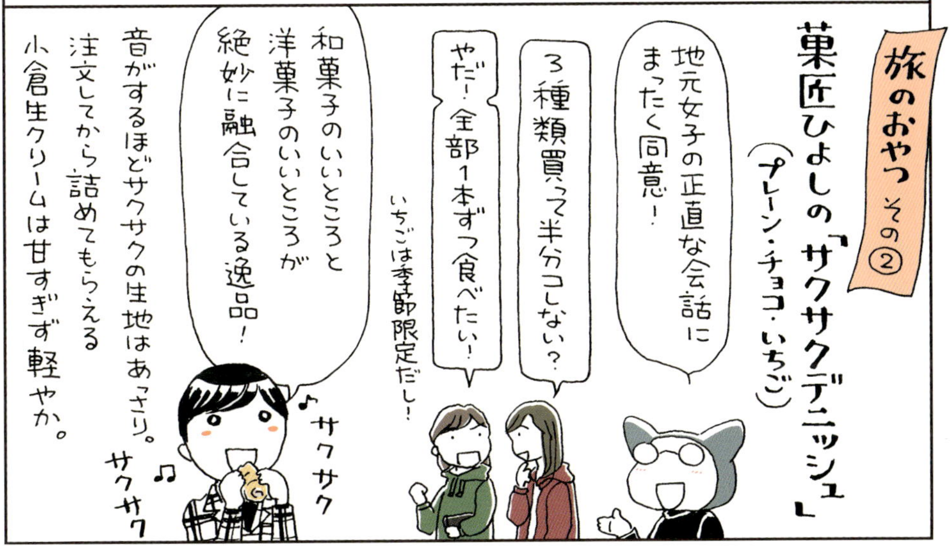
旅のおやつ その②
菓匠ひよしの「サクサクデニッシュ」
（プレーン・チョコ・いちご）
地元女子の正直な会話にまったく同意！
3種類買って半分コしない？
やだ！全部1本ずつ食べたい！
いちごは季節限定だし！
和菓子のいいところと洋菓子のいいところが絶妙に融合している逸品！
サクサク
サクサク
音がするほどサクサクの生地はあっさり。
注文してから詰めてもらえる
小倉生クリームは甘すぎず軽やか。

菓匠ひよし：静岡県伊東市和田1丁目12－32

ゴオォ
お前の来世は
イカだッ!!
しかもミミイカだ!!
わぁ
夢なのにちょっとカワイくアレンジしたわね
場面は変わって……と言いたいところですが前回の「うえだ」さんの翌日です
はー
二度寝をまんきつ
そろそろチェックアウトしないと
今日は予定があるんだから
ミミイカ～
今回は伊東温泉に向かいます
中伊豆から車で1時間ほど

伊東に行くなら……
伊東といえば
芸者さんよ!!
ぐいっ
ヤ……
かねてより お座敷遊びに 憧れる私に
でも敷居が高いなぁ
うってつけの場所を 伊東に発見 してしまったのです
OH!!
その名も 「お座敷文化大学」
ホームページを 見たところ
●芸者さん姿を体験するコース
●お座敷遊びを習得するコース
この2つがありました
芸者姿もいいけど やっぱり お座敷遊びに 興味があるよね
そういう 気の利いたことを 身につけたいと 思ってた
無芸だから
本来は何日かかけて お座敷芸を 習得、実践するのですが 今回は特別に 1日で体験させて いただきました
楽しみだねぇ
のほほん……

開講している場所はこちら
東海館《とうかいかん》です
東海館
伊東温泉 お座敷文化大學
昭和3年(1918年)に創業
増改築を繰り返しながら
伊東を代表する旅館として
名を馳せていましたが
平成9年(1997年)お宿としての
歴史に幕を下ろし
現在は伊東市指定文化財となり
観光・文化施設として
公開されています
昭和13年頃に建築された部分では
3人の棟梁に
競作させたこともあり
職人の技を楽しむことができます
指導してくださるのは
虫明博光《むしあきひろみつ》さん
ようこそ
いらっしゃい
ました
伊東芸妓事業
連合共同組合
専務理事
ずん
よ、
よろしく
お願いします
うにさ
なにを動揺
しているの
……
急にキンチョー
してきた

まずは座学から
"大学"ですからテキストもあります。
「粋《いき》」という言葉を辞書で引きますと「さっぱりした色気」と書かれておりますが
もっと深い意味がありましてね
「気遣い」や「先様に対する配慮」というものも含まれます
単なるコスプレ体験ではなく現役の芸者達から直接学んでいただくことで日常生活にも生かしていただきたいです。
思ってたのよりグッと本格的だ
うにさ、なにをもじもじしとるんじゃ?
もぞ
もぞ
お座敷遊びをバカバカしい遊びのように思われるかもしれませんが
心に余裕がなければ出来ないことでございます
うにさ 足がしびれたんだね…
心に体に余裕なし
じーん じーん
たとえばお座敷遊びの場で
一番最初にターゲットにされるのは会社で一番威張っている「お偉いさん」だったりするわけです
お座敷遊びというのは人との協調性を育むようなアナログの世界なんです
そういうものを残していくことがより良い社会を作ることに繋がると信じているんですよ
あ、なるほど!
じーん じーん じーん

さて実技にうつりましょう
キモノに着替えてくださいね
キモノ着るんですね？
え
いや、このままで大丈夫で……
お姐さんたち登場!!
芸者の稽古するのにキモノ着ないでどうするの！
時間ないんでしょー
さあ早くこっち来て！
さくらさん
こいそさん
なみちよさん
はい脱いで脱いで
するする
そこに置いてね
するする
足のサイズいくつ？
22・5センチです
小さいっ
小さいわねっ
ス、スミマセン
足袋あるかしらー
ウソウソ冗談よー
あるわよー♪
フフフ……
あら慣れてるわね
自分で着られるの？
はい
さくさく
あれ
こっちはまだ足袋もはけないの？
コハゼが苦手なもので……
帯キツくない？
ハイ
ぐい
なんか……いつにない感覚…？

私はふだん自分でキモノを着るのですが
お姐さんたちに甘やかされてる感じがたまらない…
キュ～ン
ハイハイ
着せてもらうのってイイかも……
意外なトキメキを発見
いよいよ「遊び」だー♪
芸者さんイイわぁ
はー
ぜー
舞台のある大きい座敷に移動していよいよ実技です
が
まずは「おじぎ」をやってみましょう
日常生活のキホンですから
ギクゥ
お作法ニガテ
そこから？
少し茶道をやってるしまあなんとかいけるかな？
仮設の引き戸が用意されている
戸を開けて中に入って戸を閉めておじぎ
スーッと
……できたと思う
ハイけっこうです
あなた……
武道をやってる？剣道とか
えっ
めっそうもございません!!

なんかこう……勇ましいねっ
んー……全体的にね
のしっ
あ……
実は私の習っている茶道が「武家流」なのでした
思わぬ指摘に動揺……
次はうにさ
「巨人の星」の明子ねえちゃんからの……
よろよろ
手のひらで「三角」を作って
そこに向かって鼻先を入れるよーに
ギクシャクギクシャク
昭和のロボット……
首だけじゃなく体ごと下げて
ギギギギギ
もう1回やってみて
そうそう下げて下げて
もう1回
あれ?
ググッ
ギギッ
なんでお尻が上がっちゃうのかな……
ゲラゲラ
ハハハハ
何回やってもお尻が上がる……
おもしろいわねぇ
体が硬い?
手が短いのか?
あっ
もしかしてモモが太い?
とてもまじめに言ってる
それにウケてる
ゲラゲラ
時々いるんだよそういう人!!
はい太いです……
おじぎひとつで私もうにさも丸裸です
心ならずもカミングアウト

続いて「お座敷遊び」を習うことに
うにさのおかげで空気があったまったよ！
え——……
ゲホゴホ
ゲホゴホ
知ってるようで知らない
定番の「トラケン」
要するにジャンケンなんです
和藤内
おばあさん
虎
さんすくみ
衝《つい》立《た》てが必要ですがなければフスマや障子をはずして使ってもいいです
ジャンケンポンのポンのところで
お互いのポーズが見える。
お座敷からは最初から両方見えている。
千里ーを走るよーなー薮のなーかを皆さんのぞいてごろうじませ♪
ぎこちないながらもやってみるとこれが楽しい
ここがもし宴会の席であったなら見ている人たちにもゲラゲラ笑って欲しいと思うに違いないのです
わとーないが♪
お座敷芸は自分だけが楽しむものではなく
その場にいる全員で笑い合うものなのです
えんやらやーとー
捕えしけだものは
とらとーらとーらとら
とらとーらとーらとら
トラはお尻が上がってもいいのよう

フー
楽しかった……
着がえた？
はい
アメでもなめて
さっき咳してたでしょー？
ポッ
気にしてくれてたんだ
本物の芸者さんの気配りはこういうところに出るのかもしれません
伊東温泉の芸者さんは現在100人ほどだそうですが
大きい宴席が減っていておのずと芸者さんの数も減ってしまっているそうです
あたしポンポン言っちゃうからこわかったでしょー
こりずにまた来てよね
こういうところも好き。
さっぱりした色気と人を和ませる芸を持った大人の女性たちには本当に学ぶところが多くあったように思います
ありがとうございました!!
伊東は大人の街だなぁ…
いつか芸者さんと本当のお座敷で遊んでみたいねー
♪トラトーラ トーラ トラッ
うにさ！
トラじゃなくていよいよ「ハト」だよ
唄ってるとこわるいけど
あ そうだった！

本日の浴衣のお宿は
さんハイッ♪イトーにゆくならハットッヤッ
なのです
でーんわはヨイーフロッ
眺望の良い伊東市の高台にあります
特筆すべきは昭和のゴージャス感溢れる建築と内装
子ども時代にあのCMをすりこまれた世代としては
いつか行きたいお宿のひとつだよね
初ハトヤ!!
例のアレはどこ?
あ
あっちだ!
本館から新館に続く空中トンネル
くーっしびれる夢がある!!
渡り廊下大スキ
ハトヤ

あー素敵すぎて もうおなかいっぱいって 感じだよ
満足……
え
ダメだよ！ ディナーショウを 見ないと！
お食事とエンタテインメント
こーいう ところが あるでしょう マジシャンが ハトを出す とか!!
それは海側にある「サン・ハトヤ」だよ……
ええっ
ハトヤでは やってないの
本気で信じていた
まあいいじゃない
私たちには 浴衣があるっ
私ら的には エンタテインメント!!
帯が小物入れに なっているね
小銭とか 入れられる
浴衣姿で館内を歩くことが できる「観光ホテル」ならではの 気配りだね

ちなみに食堂でも気配りが
受付で袖にゴムをしてくれます
もちろん浴衣でOK
バイキング形式の食事にはありがたいサービスです
ハトヤの食事は良くも悪くも「昭和のバイキング」でありました
う〜ん まぁ
想定の範囲内か……?
見ために夢があるんだよバイキングは!!
隣に座っていた若いご夫婦の温度差がすごかったです
あー……
奥さん黙っちゃったね……
カッコイイ建物だよねぇ♥
そうは言っても!
このムードは他では味わうことができません!
照明の数だけでもものスゴいんです!
一見の価値あり!!
あまり想定していなかったのですが温泉もすごく良いんです
キレイ・大きいお湯もいい!
←ひのき風呂もある
ハト型?
奥の方とかかすんで見えないほど大きい

昭和の観光ホテルに必須のゲームセンターも
無料の卓球台もあります
カッ
私たちが唯一積極的にやるスポーツ「温泉卓球」
コッ
カッ
カッ
コッ
その夜長い長いラリーをしました
カッ
パコッ
カッツン
コッ
ペコーン
カッツ
コッ
ハトヤ
松坂慶子主演の映画「卓球温泉」
1998年公開
「そういうのはいけません」
「そういう思いやりのない球はいけません」
「相手が返せないような球を打ってはいけません」
カツン
コッツン
ふとした時に思い出すシーンです

お座敷遊びにおける「人を楽しませたい」と思う心と等しく
こんぴらふねふね
おいでにほかけて
しゅらしゅしゅしゅー
ハトヤには今も昔も「人を楽しませたい」がつまっています
お宿として営業を終了した東海館が今でも旅人に愛される伊東の名所であるように
ハトヤが作った伊東の歴史も未だまぶしく受け取れるものであると、私たちは思ったのでした
てへっ
ハトヤ浴衣買っちゃった
売店で買える（帯付き）
どうするのそれ……？
うちで着るの？
もちろんうちに泊まりに来た人の寝間着にするんだよ
「楽しませたい」をお持ち帰りするんだねー。

第二章 おしまい

三浦按針《みうらあんじん》によって
伝えられたとされる
魔除人形
「どんどろ」に
東海館で会えますよ

ハトヤのソファーと
東海館のソファー
どちらも伊東の
歴史です

伊東逍遥

昭和の香り満点
伊東駅前
「湯の花通り」

◀ なつかしのCM
サンハトヤの
海底温泉
「お魚風呂」も
現役でした ▶

伊東にも
やっぱりあった
謎施設
「まぼろし博覧会」
▼

ハトヤの鳩は
種類が多い

column 2

日本の寝間着

ホテル 龍《りゅう》名《めい》館《かん》東京

東京都

①：giftにもsouvenirにも嬉しい浴衣。②：現大手町一丁目あたりは、材木町と呼ばれる材木商の集まる町であった。③：御膳に並んだ料理の器は、今も龍名館で使われているものがモチーフにされている。

この本の中で紹介しているお宿のほとんどが日本の旅館スタイルのお宿であるけれど、都市型のホテルや外資系の高級ホテルにおいても浴衣が存在する点は、日本らしいところだと思う。もちろん館内を浴衣で歩き回ることは出来ないので、あくまでも部屋着ではあるのだが、ガウン・パジャマと並んで浴衣があることに、日本人としてはちょっぴり鼻が高い気持ちになる。

しかし、残念ながらオリジナルの浴衣を提供するお宿の数は年々減っている。扱い易さや経費の面から、リースに切り替えられるところが多いのが現状なのだ。

リースであってもステキな柄のものは存在するし、それはそれで1つの生き抜き方であるとは思うのだが、そんな流れの中で、あえてオリジナルの作成に挑んだホテルとして、東京は八重洲にある「ホテル龍名館」さんをご紹介しておきたい。

龍名館の取締役濱田《はまだ》裕章《ひろあき》さんは話される。

「立地の良さや値段以外のところでも、お客様に喜んで頂けるものを持ちたい

ADRESS……東京都中央区八重洲1-3-22　TEL……03-3271-0971　https://www.ryumeikan-tokyo.jp/

と思ったんです。飾ったり置いたりするものではなく、宿泊に必然のあるものをと考えた時に、浴衣はベストだと思いました」

　創業百余年の歴史を持つ龍名館さんの名は、幸田文の小説『流れる』の中にも当時の人気旅館として登場する。老舗のお宿が、更なる魅力を獲得しようとした時に、業界の流れとは逆の道を選んだというのは、中々興味深い。

　大江戸日本橋のモチーフがぎっしりと詰まった新しい浴衣は、江戸型染め作家小倉《おぐら》充子《みつこ》氏による渾身のデザインである。小倉氏本人から聞いたところによると、古い文献や古地図を見ながらの制作は、とても楽しいものだったそうだ。

　龍名館さんの客室には、浴衣と共にガウン型の室内着も準備されているが、圧倒的に浴衣の稼働率が高い上に、なんとこのデザインに浴衣を変更してから、お土産として浴衣を買い求められる数は10倍にもなったとのこと。2020年の東京五輪の際には、「お宿のお土産」から「東京土産の代表」となることも夢ではないかもしれない。■

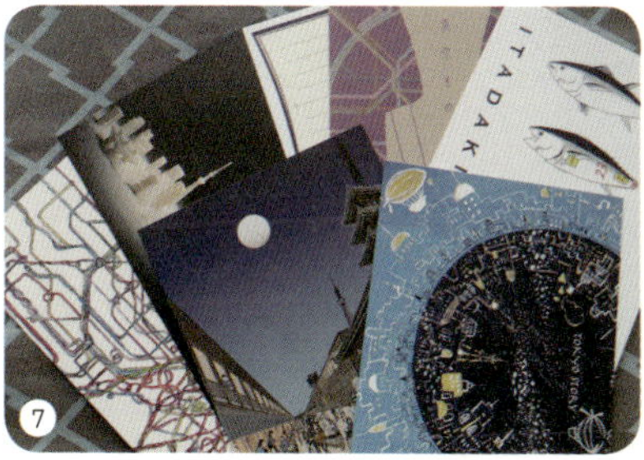

④：昔の龍名館の欄間を活かしたお部屋。⑤：リピーターの多い緑茶のボディーソープ＆コンディショナー＆シャンプー。⑥：野菜やキノコのしゃぶしゃぶが人気の朝食ビュッフェ。（宿泊者以外の利用も可）⑦：お部屋に備え付けのポストカードは、龍名館主催の「TOKYO POST CARD AWARD」によって選出されたもの。フロントに預ければ、ホテルから発送してもらえる。

⑧：朝食は、眼下に日本橋の街並を見下ろしながら。

ホテルからほど近い日本郵便発祥の地である「日本橋中央郵便局」まで風景印をもらいに行くのも旅の興。

うにさ、どうしてジーンズをうら返したまま洗濯に出すの？
しかも片足だけ
も、ももが太いから
しょうがないじゃん！
ぷーんだ

第三章　四《し》万《ま》温泉　群馬県

四万温泉柏屋カフェ：群馬県吾妻郡中之条町四万4237-45

4月下旬――
私たちは
めっぽう疲れておりました
冬の間
仕事が
忙しかったせいか
古い木造の家が
寒すぎるせいなのか
私はぎっくり腰に
うにさは頸椎《けいつい》ヘルニアに
なっておりました
越冬イラストレーターの生態
てててて……
春になり
動けるようには
なったものの
どうにもシャッキリ
しない体調
花見もできず
スギ花粉症にも
苦しめられ……
アテテテ
ううう
イテテ
ええいっ
温泉よ!
温泉に行って
完全回復
するよ!!
いいね!
それいいね!
私たちは
2泊3日の湯治《とうじ》に
出かけることに
しました
浴衣着て
元気に
なるぞー!
おー!

目的地は
群馬県の四《し》万《ま》温泉
このへん
どんどん
雑に……
数年前に
私の父母とうにさの4人で
訪れたこともあり
そのお湯の
肌触りの良さに
虜《とりこ》になった
温泉地でもあります
「草津の上がり湯」とも
呼ばれる
ひじょうにソフトなお湯
ヒロシ様
ヤスコ様
しかしその折には
レンタカーで
道の駅に寄りまくり
楽しくも
微妙に忙しい旅に…
ドライブ旅行の
落とし穴
chips
みそ
今回は
直行バスで
行こう
体にいい旅するぞー
脇見禁止の
強制
休養
やね……
そんな訳で
あっさり到着
バス停
ひんやり……
東京より
ずっと寒い！
群馬ってこんな
気候だっけ？
本日のお宿は
「積善館《せきぜんかん》本館」です

街のランドマークともいえる
積善館では
いろんな宿泊棟が
選べます
今回は昔の湯治棟を使った
自炊をしない「湯治スタイル」
のプランを利用してみました
積善館といえば「元禄の湯」
昭和5年に建てられた
美しいお風呂です
高い天井と
アーチ型の窓が
健康的かつ
ロマンティックな趣き

ここのお湯は
ほんとに柔らかくて
体に優しいんだよね
うっとり
ストレスなしで包まれるってかんじ
ここのお湯と結婚してもいい
ゆっくり入ろう…
もじもじ
ひよさ「布団と結婚したい」とも言ってたよね
柔らかいに弱いよなー
しかし！
それだけじゃないのよ!!
くるっ
今日は湯治棟の中でもさらに特別なお部屋なの!!
びくっ
「温泉床暖房」の部屋に泊まるのです!!
ほわっ
あ…
あったかーーーい
なんてしっとりあったかいの!!
ほかほか
床の下に流れている温泉で部屋を暖めているんだよ
冬の乾燥で疲れたお肌にも
花粉症ののどにもいいわー
乾燥はオバチャンの敵よねー
……
ん？
あっ うにさが年寄りの猫に！
香箱座り？
ほかほか
しっとり
こんもり

着いて早々に蒸気に包まれてこんこんと眠る2人
とにかく眠くなるんですよこのお部屋……
すかーすぴー
回復ゲージ
あーよく寝た
ピピピッ
むく
すごくスッキリした!
むく
浴衣 浴衣 浴衣着よう!
キャーッ
おーっ
中
佳松亭積善
チェックの帯もかわいい♥
竹に雀の家紋だね
ニュアンスのある縞が素敵
うにさ雀のポーズ?
さあ温泉入ってごはんだー
雀おどり

前出の元禄の湯
よく見ていただきたいのですが
ここのところに小さいドアと窓があります
気がつかない方も多いらしいのですが
これ実は古いスタイルの蒸し風呂なのです
一人分の極小の穴倉の中にタイル貼りの寝台があります。自分でお湯をかけて蒸気を出します。
めちゃくちゃ気持ちいいのですがドアを閉めると真っ暗でかなりの閉塞感
このまま気絶したら誰にも発見されずに蒸し上がっちゃうのでは……？という不安が胸をよぎる。
もわもわもわもわ
回復ゲージちょっと下がる
ピピッ
ぶじ生還
閉所、暗所に強い方はぜひお試しください……
夕食時には隣の席の方に良い情報を教えていただきました
長年の常連さん
湯治プランのお弁当は美味しくて量もちょうどいいのよー
四万に来るとね
おなかの具合がずーっといいのよ
ツヤ
ツヤ
お風呂の前に温泉が飲めるところがあるでしょ
あれをずっと飲んでるの
胃腸にいいのよー
ピクッ
なんですと

「回復」に力を入れている私たちは当然いただきます
ぱしゃしゃしゃ
高温なので気をつけて下さいって書いてあるよ
うあっちッ
どう?
あおいしい
体にいいかどうかはまだわからないけどおいしいから旅行中飲んでみる
ペットボトルに
胃腸も元気にしたいお年頃
夕食とは別オーダーのおつまみとビールを部屋に持ち帰り
味噌と地野菜の味比べ
ピピッ
夜散歩でスマートボールに興じ
生まれて初めてで浮かれてる
温泉蒸気の部屋であとは寝るだけ
幸せすぎる!!
翌朝は温泉粥を堪能
忘れてました
昨夜の夕食のお弁当はこんな感じです
チェックアウトまでまた寝る
くー
回復!!

お昼に日向見《ひなたみ》エリアのお宿に行ってみることにしました
片道20分ほどだからちょうどいいお散歩だねー
見て
桜がまだ見頃だよ
東京で見逃したのに
そうか
この辺りは標高が高いのかもね?
そういえば商店でも花豆を売っていたっけなあ
群馬より長野のカルチャーっぽい?
大変うららかな気分で「湯の宿 山ばと」さんに到着
旅館 山ばと
ちょっと奮発して昼食とお部屋で休憩できるプランを利用してみました
地元食材が嬉しい
ぐっ
徒歩だからビールが飲める!幸せ!!
突然ですが「山ばと」さんの浴衣
湯の宿 山ばと
色違いの鳩柄に大盛り上がり!かなり好み!

源泉かけ流しのお湯には
もちろん満足
また昼寝して
ギューン
おフロ、ゴハン、ねる、のくり返し
正しい湯治
外に出ると
近くに薬師堂があるから寄ってみようか
おフロ、ゴハン、ねる、いのる、だねー
「正しい湯治」……？
ん
いるんだねぇ のらカモシカ
りっぱだー
"野生"って言いなさいよ……
日向見薬師堂の前の
「御夢想《ごむそう》の湯」でも
お湯につかり
四万温泉には無料の「共同風呂」が4ヶ所あります

商店街を歩き
焼まんじゅう
焼まんじゅう
一串200円
ねぇねぇ
あの人たちの浴衣も素敵だね
うん
ここから出ていらしたね
四万グランドホテル行ってみようか
万グランドホテル
あちこちの温泉浴衣を?
おもしろいですねー
撮影させてください!
お忙しいところすみません!!
たむら
白地に紺の桐のもようが格調高いふんいき
「たむら」は姉妹旅館のお名前です
着映えしそうな浴衣だね
再び共同風呂へ行き
「河原の湯」
入浴
ピピーッ

甘いものを食べたく
なったのでカフェに入り
「柏屋カフェ」さん
パフェを食べて
ピピッ
またしても
お願いします
いいですよー
「柏屋カフェ」は旅館「柏屋」が経営しています
柏屋さんの浴衣は
ニホンカモシカ柄！
着てみたい！
次は必ず！
ありがとうございました!!
なんか
気のせいか
疲れてない？
ピ
気のせいだよ！
私は浴衣をいっぱい見られて
元気になってきた!!
ピーッ
そんなこんなで
2日目のお宿
「湯元四萬館《ゆもとしまかん》」に到着
四萬館
館全体がレトロ感を残しつつモダンに改装されております。

わかりますか？
判じ絵のようなものですが
四つの「万」の字
「可」＝「か」の字
「ん」の字
四万可ん→四萬館
遊び心があるよね
シーツやスリッパにもこのマークが入っていて嬉しい
縁起物の柄 打手の小槌・勾玉・末広の羽織もの
ちなみにこちらには
新館「壺天《こてん》」がオープンした時にデザインされたうさぎ柄の浴衣もあります

さあお湯に行こう！
四萬館にはお風呂がいっぱいあるよ！
いくつあるのかよくわからないほどだね！
「そよかぜの湯」
神田さおりプロデュース「おんせんにんぎょの湯」
「亀の湯」
四萬館の中だけでも充分なくらいだね
四万温泉になら1カ月くらい「カンヅメ」にされてみたいなあ
柏屋さんには執筆缶詰歓迎の「作家パック」ってプランがあるらしいよ
自主的カンヅメ？
文豪のエッセイとか読んでいると平気で1カ月とか温泉地に滞在しているよね
NHKの古いドキュメンタリーで農家のオバちゃんも1カ月くらい温泉に行ってたなあ

昔の人はきちんと「骨休め」の期間を持っていたのかもね
うちのおばあちゃんも広島から長期で別府温泉に行ってたよ
でっかいザボンを山のように買って帰ってた
何週間も何して過ごしてたんだろうねぇ
たぶん近所の仲良しのおばあと2人で行ってずっとおしゃべりしてたんだよ
今の私たちみたいに
そうだねー
そういえば
三遊亭円朝の「霧陰伊香保湯煙《きりがくれいかほのゆけぶり》」の中にね
1839年〜1900年（天保10）〜（明治33）落語家
四万温泉が舞台になる段があって
それを読むと当時の湯治場での過ごし方がうかがえるの
へー
長期滞在することを「世帯を持つ」って表現しているんだよ
番頭さん
あすからお世帯をお持ちなさるのでございますか
どこへ世帯を

『三遊亭円朝全集　第二巻』角川書店より

そうなの面白いの！
口述したものを速記で残してそれを新聞などで連載したものが「円朝全集」として残っているのだけど
速記!!
話しことばが書かれてるのね
実際に自分で取材をしてお噺を作っているから
景色の描写や旅のレポートの細部にリアリティがあるし情報量もすごいの
もし自分が当時円朝の落語を聞いていたら
物語の筋とは別にその場所に行ってみたいな食べてみたいなってわくわくしたと思うんだよね
わくわく
そして今の私が読むと
その当時の流行や生活ぶりが伝わってきて面白いもんだ！と思うの
時間を経て「語り」が「記録」になったんだね
文字スゲー
うん
あー長湯しちゃったねー
うん
気持ちよかった──
……
ピーーッ
ポカ
ポカ
ん？

日本第一
胃腸の名湯
四万温泉
薬湯コップ
—大正初期—
薬湯コップってなんだろうね？
ねぇ……
ぱあああっ
もしやあれじゃない？温泉を飲む専用コップじゃない？
この2日間私たちがペットボトルでやってることをこれでやるのでは!?
もちろん胃腸の具合はすこぶる快調です!!
たぶんここのチューーッとしたとこから飲むんじゃないかな!?
めっちゃカワイイよね!?
ペットボトルより文明的だよね!?
ピーッ
あっ
ゲージが振り切れた!!
このコップってもっと売ってないのかな！
探しに行かなきゃ
温泉で回復した上に「オモシロ」を見つけて元気すぎる状態に……
あー……
体調を回復しつつ温泉浴衣の旅はまだまだ続く
2日とはいえ湯治に専念したよね
うん全力で向かったよね
正しい湯治……？

第三章 おしまい

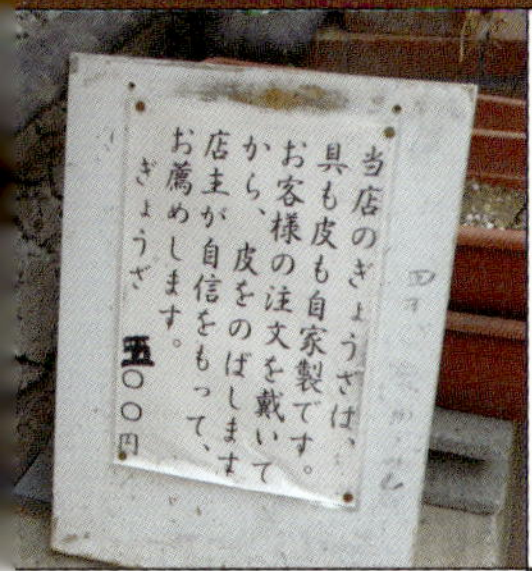

お土産には積善館の「花まめ饅頭」と〈まつばや〉のお漬物

可愛らしい四萬郵便局

バス停にはお宿の名前がズラリ

帰宅後も何度も思い出す〈ゆうみん〉の餃子の看板

洋品店のショウウインドウにはマネキンと彫刻

〈柳屋〉でのスマートボールは浴衣でなくちゃ

四万逍遥

積善館岩風呂への階段と「浪漫のトンネル」

入浴システムと温泉浴衣

column 3

道後温泉本館《どうごおんせんほんかん》

愛媛県

1月も終わりに近い頃、帰省ついでに、父母と一緒に道後温泉まで足を延ばした。日本最古を名乗る道後温泉。起源が古いとされる温泉地は他にもあれど、1つの湯屋がその町最大の観光スポットになっているという点では、類を見ないのではないだろうか。

しかし、その湯屋である「道後温泉本館」の入浴システムは、いささかややこしい。銭湯に入る気分で行くと、入り口に掲げられた4つの料金体系が一度には飲みこめず、頭を悩ませるのだ。

大雑把に分類すると利用出来るのは、

一、1つの風呂のみ
二、1つの風呂と大部屋休憩室
三、2つの風呂と大部屋休憩室
四、2つの風呂と個室休憩室

……ということになるのだが、事態は複雑でこれでは済まない。表にしてみよう。

注目すべきは、おやつの違いではない。この湯屋で働く人たちが、どうやって1~4の客を見分けているのか？という点である。1は、ほぼ銭湯の利用と変わらないのでよしと

	利用出来るお風呂	休憩処	おやつ	貸し浴衣	貸しタオル	又新殿見学	利用時間
1	神の湯						1時間
2	神の湯	2階大部屋	おせんべい	湯玉柄			1時間
3	神の湯　霊の湯	2階大部屋	おせんべい	湯玉柄	有り	可	1時間
4	神の湯　霊の湯	3階個室	坊ちゃん団子	鷺柄	有り	可	1時間20分

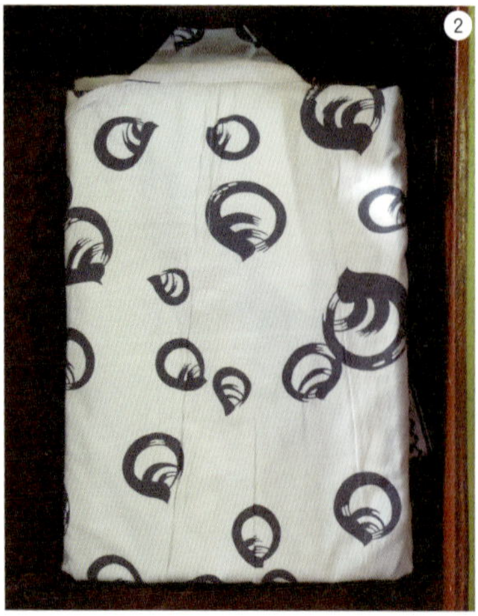

②：大部屋利用者用の湯玉の浴衣。

①：個室利用者用の鷺の浴衣。

「道後温泉本館」 ADRESS……愛媛県松山市道後湯之町5-6 TEL……089-921-5141 https://dogo.jp/onsen/honkan

※道後温泉本館は、2019年1月15日より数年間の耐震改修工事に入りました。現行の営業形態については、直接お問い合わせの上お出かけ下さい。

しても、2~4の客は1階から3階まで館内をウロウロするのである。

2と3の違いは貸しタオルを提げているか、いないかである。貸しタオルを持たない人は、霊の湯には入れない。

では、3と4の違いはいずれにあるのか？ 確かに休憩室は異なるが、同じお風呂を使うのであるから、見分ける手掛りが必要である。そう、ここで活かされているのが、浴衣の柄なのだ。

2と3を選んだ人達は、宝珠のような湯玉模様。4を選んだ人に貸し出されるのは、鷺《さぎ》模様の浴衣だ。中々よく出来たシステムだと思う。

道後温泉本館には、周辺の宿の浴衣を着て訪ねる人も多く、「道後グランドホテル」の赤いボンネットバス柄の浴衣を着た女の子たちに写真を撮らせて貰わなかったことを残念がったり、宿泊した「ふなや」さんの鮒《ふな》柄の浴衣に喜んだり、かわいらしい丹前の付く冬場に来て正解であったと、ひとり満足している娘を、父や母はいぶかしく思ったことだろう。■

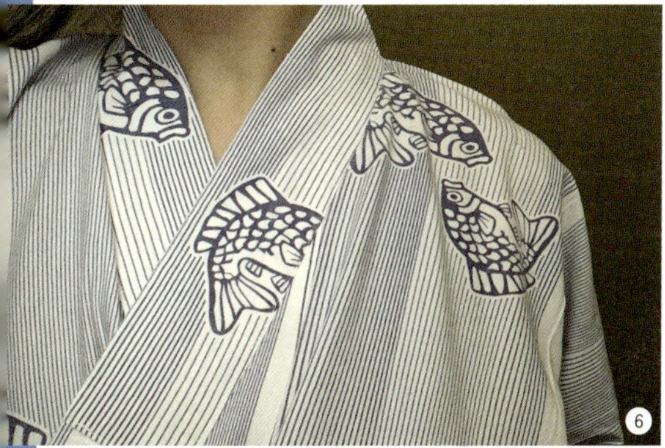

③：2階大部屋。④：道後温泉本館。⑤：本館を囲む柵にも、白鷺と湯玉が配されている。⑥：〈ふなや〉の浴衣はもちろん鮒柄。⑦：〈ふなや〉にて。浴衣に丹前と羽織で冬も暖か。

仙台の「すずめ踊り」
足つきがカワイイっぽい。

第四章 大船渡《おおふなと》 岩手県

市内のスーパーや道の駅などで買うことができます。

派手な衣装に身を包み
粋な口上高らかに
太鼓やラッパで列をなし
看板掲げて練り歩く
大売り出し
街の花 人の花 時の花
彼らの姿を追いかけたいと
思う気持ちは
大人になった今も変わらない
旅のきっかけを与えてくれたのは
そんなちんどん屋さんで
ありました

YouTubeで見られます
お友だちのちんどん屋さん「ちんどん月島宣伝社」の祐子姐さん
2017年には大英博物館でパフォーマンスを披露しました
全国でも数少ない女親方です
私たちの本の宣伝もお願いしたことがあります
浪曲師「港家小そめ」としても活躍中
とにかくカッコイイんですの
全国にちんどん屋が集まる大会がいくつかあるんですけどね
大船渡《おおふなと》のちんどん祭りは格別なんですよ
すべてが手づくりで現場が本当にあったかい!!
毎年見に来てくれるお客さんも多いから「待ってたよー」なんて声ももらえて
うちの旦那なんて行けない年には本気でくやしがります!!
えー! それは見てみたい!!
ちんどん祭り……
大船渡にはちょうど気になってる浴衣もある!
きゅんきゅーん
ちんどん大好き!!
ぽーっ
行くか大船渡!!
おーっ
おーっ

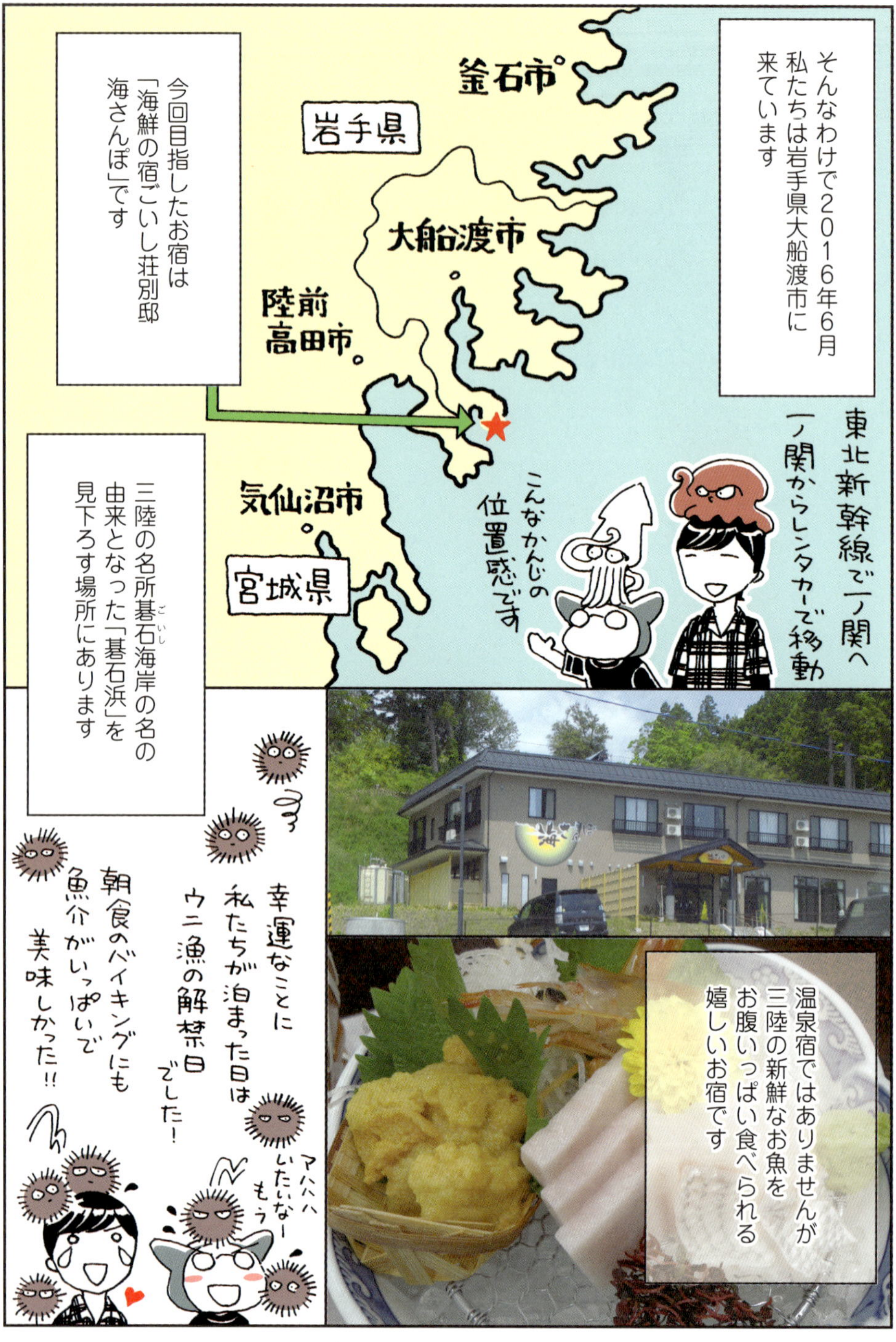
そんなわけで2016年6月
私たちは岩手県大船渡市に
来ています
東北新幹線で一ノ関へ
一ノ関からレンタカーで移動
こんなかんじの位置感です
釜石市
岩手県
大船渡市
陸前高田市
気仙沼市
宮城県
今回目指したお宿は
「海鮮の宿ごいし荘別邸
海さんぽ」です
三陸の名所碁石《ごいし》海岸の名の
由来となった「碁石浜」を
見下ろす場所にあります
温泉宿ではありませんが
三陸の新鮮なお魚を
お腹いっぱい食べられる
嬉しいお宿です
幸運なことに
私たちが泊まった日は
ウニ漁の解禁日
でした!
朝食のバイキングにも
魚介がいっぱいで
美味しかった!!
アハハハ
いたいなー
もう

そして何よりもこのお宿には
私たちがこの本の中に
どうしても収録したかった
浴衣があるのです
それがこちら
大船渡の
大漁旗
「福来旗《フライキ》」を
モチーフにした
浴衣です
福来旗《フライキ》
オランダ語の「Vlag(旗)」が
語源らしい
ザバァ

ごいし荘の女将さんいわく
この辺りの大漁旗はこんなもんじゃないのよ
もっともっとハデでそりゃあもうにぎやかなものなの！
浴衣を大漁旗柄にする構想は以前から持っていたんだけどね
旅館を再建する時に「今だ！」と思って作ったの
も〜っとハデでもよかったくらい
そうです
2011年3月11日の東日本大震災の大津波で旧ごいし荘は波にのまれてしまったのです
以前は碁石浜の本当に海っぱたに建っていたのよ
眺めが良くてね
でもあの日波が引いた時海が底まで全部現れてとても怖かった……
私たちが訪ねた時は目の前の碁石浜は工事中で浜に下りることはできませんでしたが現在は工事は終了しています
2013年12月からお宿は高台へと場所を移し更に避難路なども新しく整備されて再開を果たされました

晩ごはんを食べに食堂に行くと
浴衣に夢中で出おくれた〜
おさしみ〜
パタパタ
あ
いいね
うん
すごくいいい！
ぱあああっ
老いも若きも黄色い大漁旗の浴衣を着て並ぶ食事のなんと明るいことか！
いい眺めだね
ビールが映えるわぁ
他では見られない光景だね
三陸に来るのに5年もかかっちゃったね私たち
被災地を訪ねたいと思いながらなかなか来られなかったよね

さて翌朝
車で3分ほどの更に高台に向かいました
碁石海岸には
いくつもモデルコースが用意されているので1日かけてゆっくり巡るもよし朝食あとの軽いお散歩にもよし
ひとしきり散歩をして「碁石海岸レストハウス」に立ち寄ったところ
地元物産が買えたり食事ができたりします
売店
「いかせんべい」だって
自分におみやげ～
うにさ、ともぐいだね
私は陸前高田の日本酒を買おうかな
お会計をお願いします
はい
どこからいらしたの？
東京から
リアスホールのちんどん祭りを見に来たんです
それはいいわね！
大船渡のちんどんは一番よ！

自然に話は震災のことに
あのリアスホールも避難所になっていたのよ
このレストハウスは高台だから津波の被害には遭わなかったんだけどね
この辺り一帯が孤立したみたいになって道が復旧するまではここに救援物資が届いたりしていたのよ
何年も経ってから来てしまったのでいろいろわからなくて
本当に申し訳ない気持ちです
いいのよー何年経って来ても！
大歓迎よ！
時間がかかってもきっといい町になるって
わりと町の人は前向きなのよ
ハッ
震災から1週間後ぐらいには「店建てなきゃ」って「もうプレハブでもなんでもやらなきゃ」って言ってる人たちがいてね
70代ぐらいの方がそう言うのよ……
どうしようかなってオロオロするんじゃなくて「やらなきゃ」って
それ聞いた時には「そうか！」って自分も思ってね
すごいもんですよ 人って

時間が経てば経つほど
どんな気持ちで
被災地にのぞめばいいのか
わからなくなっていた
私たちでしたが
ね
また5年経ったら来てね！
5年と言わずに来ますよ！
今の大船渡を覚えて帰ります
気さくに話しかけてくださって
なんだか嬉しいよね
いつまでもあの時の被災地のままじゃないんだよね
5年の月日が流れたんだもの
私たちもイメージをきちんと更新しなくっちゃね
今の大船渡を見ることが
私たちにできることなのだと
気づかされたのでした
よし
おいしいものでも食べに行こう！
おう！
バム
三陸らしい
「秋刀魚だしラーメン」をかきこみ
「黒船」さん、美味しかったです！

ステージ写真提供　東海新報社　佐藤琢哉

ふだんは宣伝・広告がお仕事の
ちんどん屋さんたちですが
パフォーマー、演奏家としての
側面もあります
コンクールで腕を競い合ったり
今回のようなイベントでは
エンターテイナーとして舞台に立ち
人々を笑顔にします
地元
寺町一座!!
屋外にもステージがあり
たくさんのお客様が
観覧されていました

さてここで「大船渡のちんどん」の歩みについてご紹介いたしましょう
ベベン
時は昭和46年「大船渡に郷土芸能を作りたい！」との思いで
木をくり抜き、皮をなめすところから太鼓を作り始めた男たちがありました
和太鼓
S.46 発起
修業
東京は神田の助六太鼓から指導を仰ぎ習得
地元の長安寺にちなみ「長安寺太鼓」と名付けたその太鼓は
大船渡にて
またたく間に郷土芸能として定着します
長安寺
引退
そして35年が過ぎた頃
そろそろ引退して若い者に任せるか
そだな
……
うむ
とはいえ根が熱い男たち次に打ち込めるものを探しておりました
そして
H.14 富山
全日本チンドンコンクール
これだ!!
ちんどんとの運命の出会い
つづく

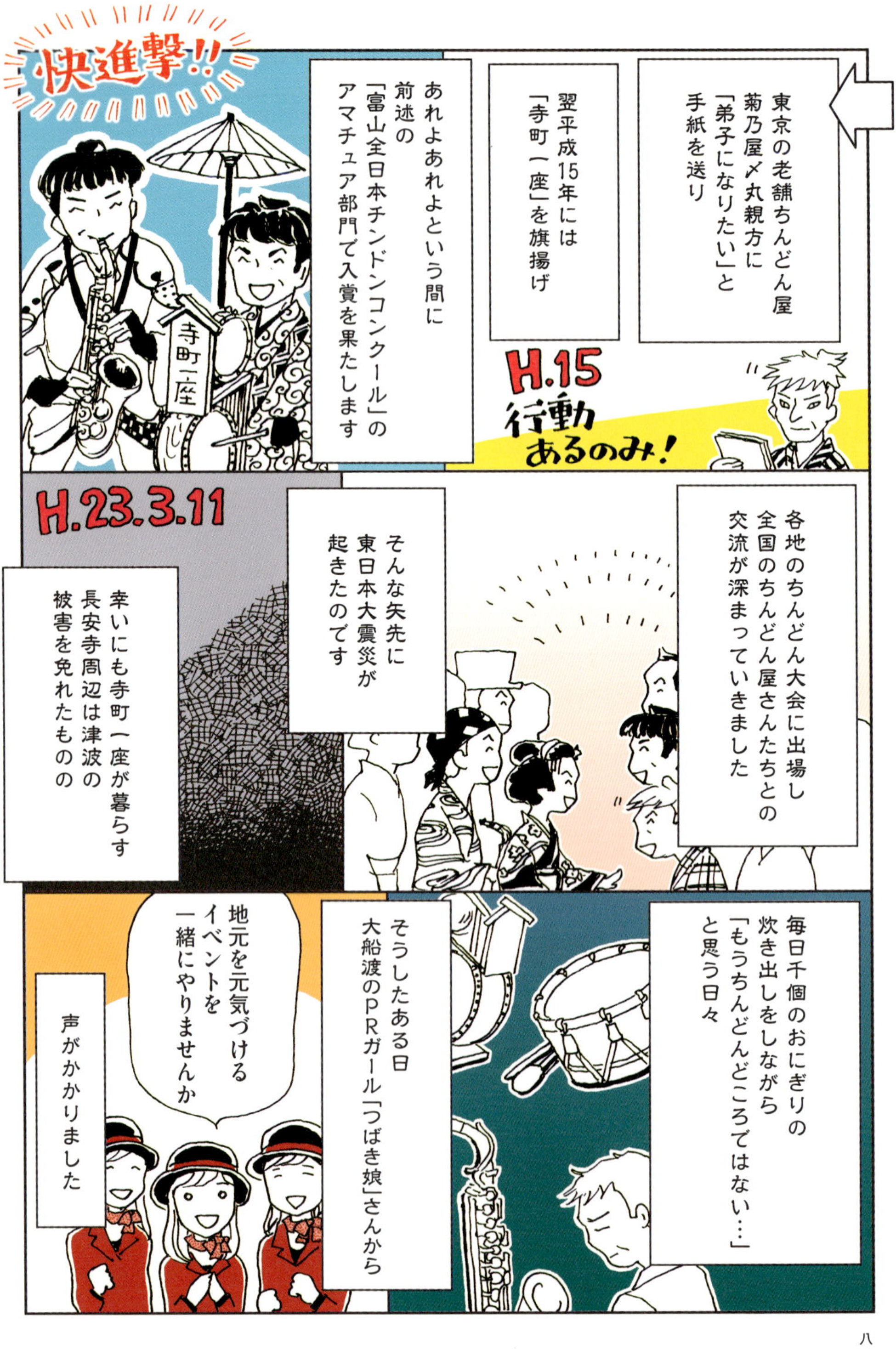
東京の老舗ちんどん屋
菊乃屋〆丸親方に
「弟子になりたい」と
手紙を送り
翌平成15年には
「寺町一座」を旗揚げ
H.15
行動あるのみ!
快進撃!!
寺町一座
あれよあれよという間に
前述の
「富山全日本チンドンコンクール」の
アマチュア部門で入賞を果たします
各地のちんどん大会に出場し
全国のちんどん屋さんたちとの
交流が深まっていきました
H.23.3.11
そんな矢先に
東日本大震災が
起きたのです
幸いにも寺町一座が暮らす
長安寺周辺は津波の
被害を免れたものの
毎日千個のおにぎりの
炊き出しをしながら
「もうちんどんどころではない…」
と思う日々
そうしたある日
大船渡のPRガール「つばき娘」さんから
地元を元気づける
イベントを
一緒にやりませんか
声がかかりました

H.23.5
男たちは震災の2カ月後
碁石海岸近くで
ちんどん太鼓を打ち鳴らし
寺町一座は蘇ります
すごく
元気をもらった!!
ありがとう!!
寺町一座
サイコー!!
ありがとう!!
元気づける
つもりが
自分たちが
元気をもらった
……
できることが
あった……
H.24
これをきっかけに寺町一座は
仮設住宅や各地の復興イベントを
ちんどんでめぐり始めます
翌年もイベントを開催したところ
1100人収容の
リアスホールが人で溢れ
これを
続けなければ!
平成25年9月8日
「復興・大船渡全国ちんどん祭り」と
銘打ち
知り合いのちんどん屋さんたちに
呼びかけてみたところ
北は北海道から南は長崎まで
全国から駆けつけてくれることに!

ありがたかったねぇ……
と
……話してくださったのは
寺町一座の鈴木正利さん
すごい行動力ですね!
ほわぁ
大船渡のちんどん祭りの魅力はどんなところだと思われますか?
プロとアマが一緒に演れるところがいいと思ってるんですよ
競技会のようにお題があるわけでもないし
時間に余裕があるから得意な演目をやってもらえるし
みんなで宴会もできるしね
祐子姐さんも今日は浪曲を披露されていましたね!
祐子姐さんも毎年来てくれるんだ
本当にありがたいねぇ
人との繋がりを何よりも大事にしたいと願う鈴木さんの気持ちが溢れていました

ふぅ
ひーふー
リアスホールをあとにして駐車場に向かいながら
座長の鈴木さん「よく来てくれた」って
何度も何度も言ってくださったよね
ハー
思ったんだけど
全国の声をかけられたちんどん屋さんたちも鈴木さんと同じくらい嬉しかったんじゃないかなあ？
フー
「ちんどんでできることがある」って「自分にもできることがある」ってとても嬉しいことだと思うんだよ
そうだね
震災の時自分にできることの少なさに打ちのめされたよね
それにしてもちんどんの人たちって全国に知り合いがたくさんいるんだねぇ
はー
てしっ
旅芸人の風情もあってどこにでも行けるしどこででも受け入れられる
ひー
憧れだよね
私たちもそんなふうになれるといいのに
それは流浪の「イラストレーター」ってこと……？

↑駐車場に向かう階段

はあああ……
しかししんどいね この階段……
ほんと……
混んでたから……
あー ツライ！ この階段!!
ぎょ
ぎょ
はあああああ……
っ
……つらいですねー
3人で休憩……
どちらからいらしたの？
東京です
はー はー はー
私は地元
遠いところからいらっしゃいませ
下の駐車場に入れたかったわ
チンドンお好きなの？
楽しかったですねー
私の家も流されてね
「もう住んではいけない」って指定の区域になってしまったから立ち去るよりほかはなくて
転居したところがすごく山の奥のほうで車が手放せないの
ホントはもう運転をやめたいんだけど
それは
たいへん！
末期がんの人の介護をしている最中に震災にあったんだけど
その人の病院も被災してしまうし自分も家がなくなるし
仕方がないからしばらくはその人の家に自分も移り住んで介護することになっちゃって
どっちが世話になったんだかねえ……

そうこうするうちに自分もあちこち悪いことがわかって
心臓の手術を受けたりもして
だっ大丈夫ですか階段上ったりして!!
本ッ当に人生何があるかわからないわよ
だからね楽しまなきゃダメよ!
私、「飛鳥」にも三回乗ったわ!
は
はい
じゃあね
スゥッ
豪華客船
……なんだったのかな今のおばあちゃん
……夢でも見たような気分だね……
ハッ
まさかあの人は
何!?
ビクッ
「ちんどんの神様」だったんじゃない!?
えっ
そういう?
ひよさとうにさよ町に出て人を楽しませるのです
きっとお告げだよ
もっと温泉浴衣をめぐる旅に出てマンガを描けっていう
そんなことはひと言も言ってなかったよ……?
やっぱりこの際何か芸のひとつも身につけなきゃね
次はどこ行く?
流浪のイラストレーターっていつどこで仕事するの……?
この町には「人に声をかけることの大切さ」を知っている人たちがいます
また会いに行きたいのです

column 4

宮城県

鳴子温泉 旅館姥《うば》の湯《ゆ》

県を跨いで、大船渡から車で3時間弱。私たちは、全国のこけしファンの聖地の1つでもある鳴子温泉にやって来た。

こけしが好きかと聞かれれば、迷わず「好きです」と答える私だが、何体か気に入ったものを持っているだけで、むしろ、手を出したら大きな沼が足元に広がっている気がして、こけしとは正面から向き合わないように細心の注意を払って生きている。当然のごとく、この土地には、日本一かわいいかもしれないこけし柄の浴衣だって存在する。もちろんその浴衣も着てみたが、今回ご紹介するのは、あえて別の浴衣である。

平安時代の市女笠（いちめがさ）柄の浴衣。

亀若の湯。

ADRESS……宮城県大崎市鳴子温泉河原湯65　TEL……0229-83-2314　http://ubanoyu.com/

啼子の湯。

義経の湯。

鳴子温泉の中でも創業が古く、４つの泉種の異なる自家源泉を持つ「姥の湯」さん。こちらの浴衣は、平安時代の女性が頭に被っていた笠の柄だ。

文治元年、源義経が奥州へ逃れた際に、義経の一子亀若丸《かめわかまる》の産湯として使われたことが、鳴子の名の由来であるとの伝承がある。赤子が産声を上げたことから「啼き子《なきこ》」。更にそれが転じて「鳴子」と。

古い文献により、その産湯が姥の湯さんの源泉の１つであると目されているのだ（現在の「亀若の湯」）。２００年の歴史を持つと言われる鳴子のこけしより、更に長い歴史を持つ鳴子温泉に、このお宿の浴衣の柄は由来しているのである。しかも、この浴衣の柄がデザインされたのは大正初期のこと、「長年大事にして来たもの」の１つであるという。

今回、私たちは立ち寄り湯として利用させて頂いたが、姥の湯さんには旅館部の他に、昔ながらの湯治部も併設されており、本格的な湯治棟を初めて見た私たちは目を奪われた。長い廊下の片側には水場が続き、もう片側には鍵も無い障子一枚で仕切られた部屋がいくつも並んでいる。隣り合う部屋と部屋の間も、襖あるいは会話が出来るほどに薄い壁があるのみである。まるで、江戸時代の旅籠《はたご》にタイムスリップしたようだ。

女将さん曰く「今の人には、不用心なように見えるかもしれないけど、一度だって泥棒になんて入られたことないのよ。どんな鍵より人の目があるのが

圧巻の湯治棟。

こけしの湯。

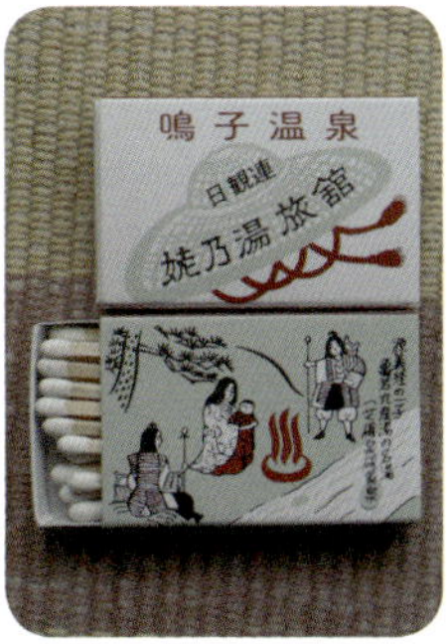

伝承が描かれたマッチ箱。

一番安全なの」

明治の初めに日本を訪れたエドワード・S・モースの書いた一文が思い出された。

「日本人が正直であることの最もよい実証は、三千万人の国民の在家に鍵も閂《かんぬき》も戸鈕も——いや、錠をかけるべき戸すらもないことである。昼間は辷《すべ》る衝立が彼等の持つ唯一のドアであるが、しかもその構造たるや十歳の子どももこれを引きおろし、あるいはそれに穴を明け得るほど弱いのである」

こういうお宿が機能しているうちは、日本は大丈夫かもしれない。

東日本大震災の時のお話を女将さんに伺ったところ、

「古いけど、ビクともしなかったわよ。しばらくはここも避難所として開放してたのよ」

しかし、震災の影響は想像していた以上に長い、と女将さんは続ける。

「元々、ここは大船渡や陸前高田からのお客さんが多い温泉地なの。生活の立て直しが何よりも優先される時に、温泉に来たりするような余裕なんて誰だって持てないでしょう」

常連さんたちが、温泉という娯楽を取り戻せるほどの復興を、心から願う人がここにはいるのだと気付かされた。■

『日本その日その日』エドワード・S・モース／著　石川欣一／訳　講談社学術文庫より引用

鳴子温泉はポストもこけし。

電話ボックスもこけし。

風景印も、もちろんこけし。

〈さとう酒や〉オリジナル
「鳴子の湯」のワンカップ。

お土産にこけしクリップ。

第五章　大沢山《おおさわやま》温泉　新潟県

旅のおやつ その⑤
芳林堂の「地酒ケーキ緑川」
おどろくほど おいしい 緑川地酒ケーキ あります。
味のある手書き。左隅にはりちぎな落款。
越後湯沢駅からすぐの「たつのや商店」という酒屋さんでこんな貼り紙を見ていそいそと購入
お酒がたっぷりしみていてとってもしっとり
色白できめ細かい生地が口の中でさらっと溶けます
本当におどろきました

芳林堂：新潟県魚沼市四日町147-3
たつのや酒店：新潟県南魚沼郡湯沢町湯沢315-7

こんにちは
スタジオクゥの猫帽子のほう
「うにさ」です
しつこいようですが
女子です
ここまで勘ちがい
していた方は
軌道修正して下さいね
今回は趣向を変えて
私のナレーションでお送りします
わたしの時代が
ついにキター
何を1人で
騒いでいるの？
仕事しないと
大蛇が
来るわよ
前々から思っていたのだけど
ああ見えて(?)うちの相方は
けっこう策士なんですよ
大蛇ひよき
まったく
うにさには
困ったものね
その策士ぶりが
「両親との旅行」にまで及んでいた
そんな事例を報告しよう
ダバダーァアー
ダバダーアー
シーシーシー
フー
そう
あれは今から
4年ほど前のこと
……
うん
わかったよ
連休のあと
くらいで
考えてみる
つめきり
どこー？
うにさ
ヒロシ(父)と
ヤスコ(母)が
東京に出て
来るってよ
あーそう
いいじゃない
ねーつめきりどこ？

つめきりは いつも ここでしょ
そうだっけ?
あー
しかし 困った
んー??
ペチ ペチ ペチ
どこに遊びに 連れて行ったものやら
2人とも東京観光は ひととおり しちゃったからなあ
んー
すごーく暇そうに 見えるかもしれないが
私たちは 人並みに忙しい
イラストレーターの仕事は 不規則なので 休みは計画倒れになりがちで
帰省するのが 難しかったりする
ペチ ペチ ペチ
うにさ ほとんどの ツメが
しんぶんの 外に 出てる よ
そこで相方は 近年ご両親を 「東京に呼ぶ」という 策をひねり出した
帰れないなら 来てもらえば いいじゃない
策士ひよさ
ヒロシ様とヤスコ様にも 「東京に来る」イベントは 好評なようで 親孝行風に成立している
ヒロシ様
娘が好き すぎて 「娘ロス」に なる
そんなこんなで何度か 東京に来ている2人は
たいがいの場所に 行き尽くしてしまったのである
江戸東京たてもの園は?
お母さんと 行ったわ
浜離宮は?
そこも行った

東京ってさぁ
歩くところが多いじゃない？
階段も多いから
高齢のヒロシには
つらいと思うんだよね
お父さん
杖ついてるし
あんまり
歩けないのよ
ペッ
そうね
電車とか乗り換えるの
大変だよねー
私もつらいわ
私、車出そうか？
いっそ東京から
「出ちゃえばいいじゃん
本当!?
ペレ
ペレ
ペレ
その日から1週間かけて
策士ひよさは
旅行プランを練り上げた
ラーメン
たべる？
あとで！
ほあたたた
たたたた
パシパシ
カチカチ
ダダダ
できた！
名付けて
『歩かなくても
楽しい!!
1泊2日
三方よし
プラン』!!
バッ
どやっ
ゲフッ
そんなわけで
ヒロシ様（父・80代）
ヤスコ様（母・70代）
ひよさ（娘・40代）
うにさ（他人・40代）
この4人で旅行する
ことに
広島より上京。
なんだか映画の
「東京物語」を
思い出さないでも
ない。
来たぞー
二人とも
元気に
しとった？
いらっしゃい
ましー
ちなみに私は
車の運転が
好きだ
まったく苦に
ならない
では行きますよー
はーい
はーい

ひよさの実家には
車がなかったという
そのせいかひよさは
車に乗るのが
かなり楽しいらしい
そしてそれは
ひよさの父・母も同じみたい
乗り物好きな
ヒロシは
動くものに
乗っていれば
ごきげん
あそこに
見えるのは
何という
川かのう?
わーいよ
「車の運転がとても
疲れる」と思っている
ヤスコは
うにさをねぎらう
ごめんねー
うにさちゃん
つかれてない?
何か美味しいもの
食べようねー
必要以上に
ねぎらわれて
うにさは喜ぶ
ぺちぺち
わーいよ
そして私は
大好きな
「道の駅」に
寄り放題!!
ここのところ
何か
ちがうよね?
これぞ
親よし!
うにさよし!
ひよさよし!の
「三方よし」!!
練馬ICから
関越自動車道を
約2時間ほど走ると
もう目的地にほど近い
あんがい
近いよねー
今日のお宿は
新潟県南魚沼市
大沢山温泉
「大沢館《おおさわかん》」です
実は前々から
興味津々の
お宿だったの
もちろん私のPCの
フォルダに
浴衣も入ってる
フォルダ?
?
この時はまだ
浴衣フォルダの
存在を
知らなかった

さあ到着でーす
おー
「大沢舘」は「日本秘湯を守る会」のお宿です
ヒロシ&ヤスコのリクエスト「ひなびた感じの静かな温泉宿」にぴったり
入り口までのアプローチも風情があります
ええ宿じゃのう
ほんとよねぇ
よかった好評です
館内には
米俵!
そうここは南魚沼日本有数の米どころなのです
お米! 美味しいお米! すてき!!
キラ
キラ
キラ
キラ
期待が高まる他人

さあ どれから食べる？
全部食べてええんか
わぁ楽しい!!
サービス りんご
サービスちまき
在庫僅少!!
サービス こんにゃく
サービス やきいも
サービス アイスキャンディー
サービス どくだみ茶
囲炉裏のある談話室にはサービス餅
しまいにはサービス煙草も……
館内のいたるところにあれやこれやのサービスが出現

ヒロシとヤスコがお宿の中で楽しめるようにと思ってここにしたんだ
結局自分たちのほうが盛り上がってしまったという……
正解だったわ！
もぐもぐ
※注
あくまでも「サービス」なので品切れの時もあるかも満喫したい方はお早めのチェックインをお勧めします
欲張っちゃダメよ
さてさて
ヒロシ様とヤスコ様はお部屋で休憩されるとのことで
お部屋は2つ取った
あとでね
私たちも部屋に
浴衣にも
米俵!!
さすが米どころ！
底抜けの「米推し」が地元愛を物語っているいいデザインだねー
てらいのなさが温泉浴衣のだいごみだよ!!
「魚沼産コシヒカリ」の書体の実直さがいいね
まだ温泉浴衣の旅が始まることも知らずのんきにはしゃいでいる私だ。

夕食は別室で4人一緒にいただきました
どれもおいしかったわ
お宿の食事って多くて
残してしまうことも
あるんだけど
適量で良かったね
わしは日本酒のサービスが良かったのう
オーナーからのふるまい酒!!どこまでもサービス!
お米ももちろんおいしかった!
ツヤツヤ
ピカピカ
高齢者がいる時は食事が余るほど出るより「サービスおやつ」で各自調整するほうがいいかもね
残食率が減って。しかも楽しい。
一度に出る食事よりおやつのほうがなんだか嬉しいし
少しでも長く宿に滞在したくなる。
ちなみに11月の初旬のことで
大量の大根が干してありました
闇夜に映える大根は
ちょっとセクシー

翌日は紅葉を見に行くようです
ぬかりはない!!
へー
策士!
ひよさいわく「歩かずに秋を満喫大作戦」
要はゴンドラに乗るわけなんですが
苗場《なえば》高原から田代《たしろ》高原を結ぶこの「ドラゴンドラ」は全長約5.5キロ日本最長なのです
一度乗ってしまえば25分間座ったままで移り行く秋の景色が堪能できます
山頂駅
標高1,346m
ドラゴンドラ山麓駅
標高921m
龍の背のようなアップダウン
ヒロシはもちろん乗り物が大好きなんだけど
ヤスコもああ見えて「ヘンな乗り物」に乗りたがるのよ
ヤスコと2人で井の頭公園のスワンボートをクタクタになるまで漕いだこともある
そういえば志摩で一緒に恐ろしくキッチュな遊覧船に乗ったよね
乙姫様?
浦島太郎……?
アレに乗りたい!
家系?
こういうの

いい思い出。

紅葉や景色も良かったのですが
アップダウンの多いドラゴンドラは
穏やかなジェットコースターのようで
私たち4人は
けっこう夢中になりました
※復路は「田代ロープウェー」で
帰ることもできます
その後は
越後湯沢駅に
立ち寄って
お土産を
たっぷりと
買って帰途に
つきました
うにさが
いてくれたんで
ヒロシもずっと
ごきげんだったな
私とお母さんと
3人だと
けっこうわがままが
発動するんだよね
他人がいると
ストッパーになるんだね！
ありがとね
私、お母さんに
Tシャツ買って
もらっちゃった…
じゃあやっぱり
「三方よし」だね
さすがに
おつかれの
ようです
…とまあ
これが3年前の
出来事だ
温泉浴衣の取材が
始まってもいないのに
親孝行を隠れみのにして
密かに自分が着たい浴衣を
モノにしていた相方に
恐れを禁じ得ない
私なのだった
ぶる
ぶる
なんと
巧みな策略
ただの
孝行
だっつーの

おみやげの温泉浴衣

column 5

箱《はこ》根《ね》湯《ゆ》本《もと》ホテル

神奈川県

お土産にもらった浴衣。

柄に大小差があるのも面白い。

宿泊者用の白地の浴衣。

ある朝、友人からメールが届いた。

「日帰り出張で箱根に向かっています。何かある?」

私たちが全国の温泉浴衣を探していることを知る友人からの、ありがたい申し出であった。

この本で紹介出来る浴衣の数は限られているけれど、今現在、私とうにさの温泉浴衣データーベース（そんなたいそうなものではない……）には、600軒近くのお宿の情報がストックされている。

あります！　ありますとも!!　私たちは、自分たちの足でその場所に出向くことを旨《むね》としているが、「じっと家で待つこと」で完成する温泉浴衣の楽しみ方が1つだけあるのである。それは、お土産で頂くことだ。仕事で箱根に行く友人には、はなはだ迷惑なお願いであることは承知していたが、ここは是非とも温泉浴衣を土産として持ち帰ってもらいたい。希望したのは「箱根湯本ホテ

ADRESS....神奈川県足柄下郡箱根町湯本茶屋97　TEL....0460-85-8800　https://www.hakone-yumotohotel.com/

ル」の大名行列の浴衣。旧東海道のありし日を思わせるモチーフである。
　友人のスキルは私たちの想像をはるかに越えていた。仕事の合間を縫って、スルスルと目的の宿に向かい、日帰り入浴も済ませた後に、私たちが望む以上の成果とお土産を提げて、その日の内に我が家を訪れてくれたのだ。
　お土産用に浴衣を販売しているお宿は時々あるが、このお宿では、滞在しなければ着られないものと、お土産用のものがあることが特筆すべき点である。楽しみは2倍。
　もしかしたら、このお土産をもらったことがきっかけで「次に箱根に行くなら、この宿に……」と思う人もいるかもしれない。少なくとも私たちは、行かなければ射止めることが出来ない浴衣の存在に、益々闘志を湧かせた。
　お土産にもらった浴衣は、うにさが、夏場の寝間着として使いたいと言っているが、まだ許可していない。私としては、我が家に泊まりに来るお客様に、ちょっとしたお宿ごっこアメニティーとして出したいと考えているのだ。出来れば、一等最初は「一を聞いて十を解する優秀な友人」に捧げたいと思う。■

専用の畳紙《たとうし》も用意されています。

4種の揚げかまぼこが楽しめる〈鈴廣〉の「大漁万歳」。

〈湯もち本舗ちもと〉の「湯もち」。

寄木細工の箸置きも嬉しい。

ホテル内〈箱根ベーカリー〉の包装紙も大名行列。
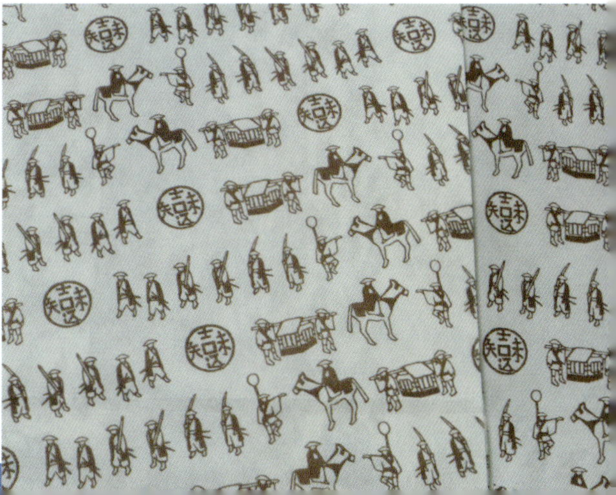

東京で「短いバス」を見たヤスコ様。
あ～～ あれに乗ってみたいっ！
短い
あー
わかる……
ヘンなのりもの好き親子。

第六章 日奈久《ひなぐ》温泉 前編 熊本県

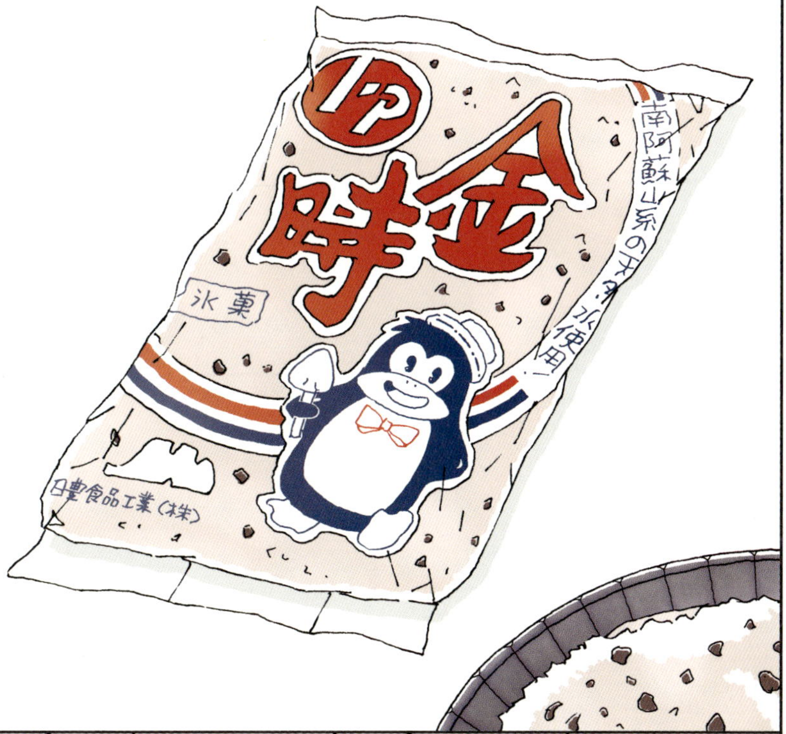

九州を中心に関西あたりまでは出荷されている。夏期限定生産。

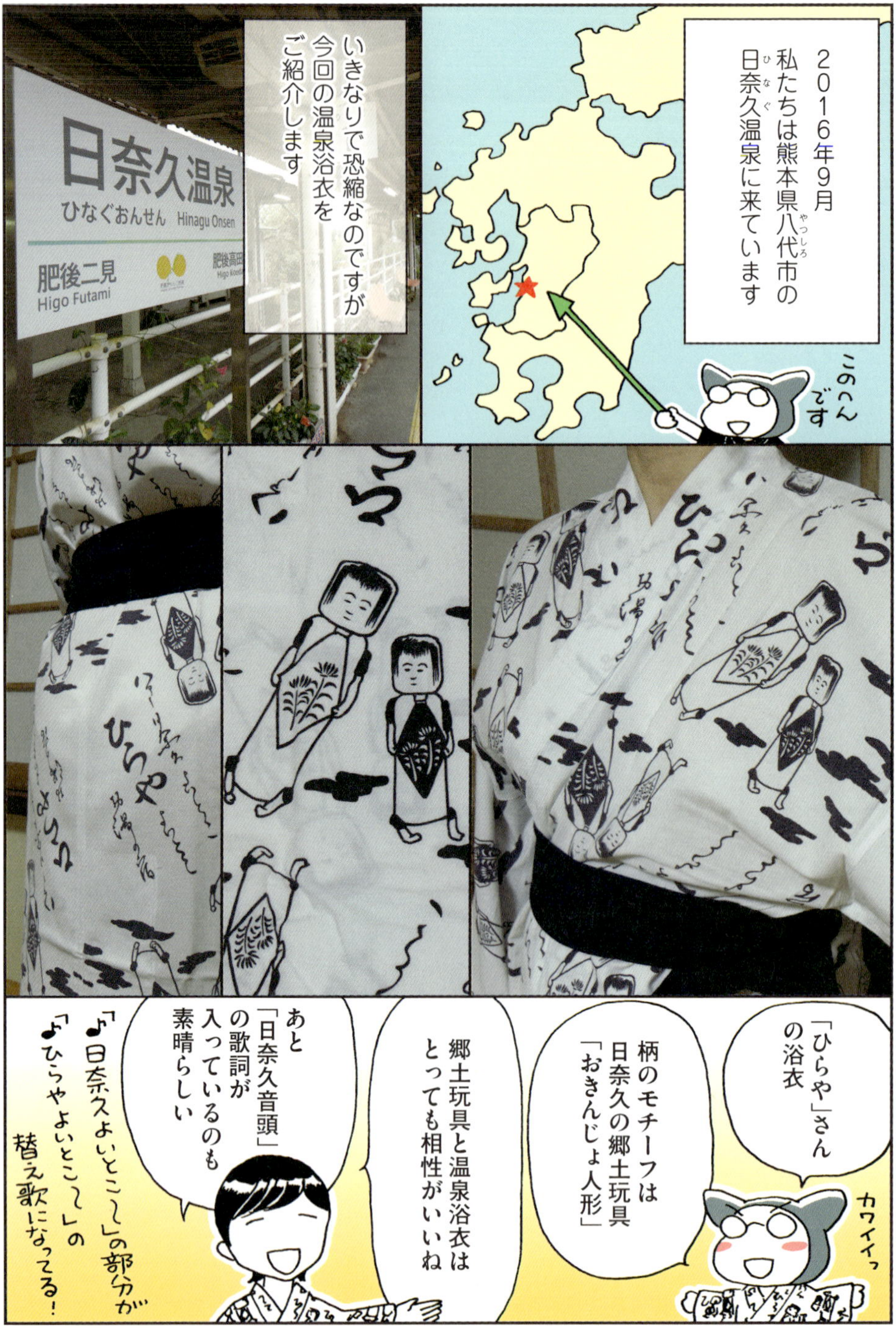
2016年9月 私たちは熊本県八代《やつしろ》市の日奈久《ひなぐ》温泉に来ています
このへんです
いきなりで恐縮なのですが今回の温泉浴衣をご紹介します
日奈久温泉
ひなぐおんせん Hinagu Onsen
肥後二見 Higo Futami
肥後高田
「ひらや」さんの浴衣
カワイイッ
柄のモチーフは日奈久の郷土玩具「おきんじょ人形」
郷土玩具と温泉浴衣はとっても相性がいいね
あと「日奈久音頭」の歌詞が入っているのも素晴らしい
「♪日奈久よいとこ〜」の部分が「♪ひらやよいとこ〜」の替え歌になってる！

ちなみに本物の「おきんじょ人形」はこんな感じです
投げ出した脚が愛らしい
面かぶりバージョン
現在は「桑原竹細工店」さんが製造・販売されています
ラーメン&居酒屋も営まれています。ラーメン美味しいです。
角物《カクモノ》と呼ばれるお弁当箱などを得意とされています。
この浴衣を収録できて安心したよー
ふーっ
とりあえずやるべきことをやって落ち着いたわ
今回はイレギュラーなことが多いから……
大事なことは先にやっておかないとね……
回想シーン
さかのぼること5カ月前のこと
2016年4月日奈久を含む熊本地震が起きました
ガラッ
うにさ!
日奈久に行ってみない?

どんなところなの？
日奈久には民芸品のお人形柄の温泉浴衣があるんだよ！
着てみたいでしょ!?
町はひとことで言うと「小さい温泉町にひととおり全部揃ってる」って感じなの
開湯600余年の歴史もある
へぇ
……
ぴくっ
名物はうにさの好きな「ちくわ」
不知火海《しらぬいかい》のすぐそば「シャクみそ」っていう珍味もあるらしいよ
ちくわいいね！
海鮮が期待できる！
ガバッ
行きたい
じゃあ日奈久の状況を確認してみるね
温泉組合に問い合わせしてみた
被害の程度は？
はい
今は復旧工事の方たちの受け入れをされてるんですね
「日奈久断層」っていう災害報道の風評被害が………
そうですか
営業は再開しつつあるけど今じゃないわ
復興状況も考慮して9月だね
行こう!! 日奈久の応援に行こう!! おきんじょ人形の浴衣に会いに行こう!!
グッ
よしきたがってん
その頃にはきっと温泉が必要な体になってるハズ
……
しかしうちの相方は「日奈久に行きたいエネルギー」を持て余して
4月からの数ヶ月のあいだに……

↑詳しくは既刊本「召しませキモノ」をごらん下さい↑

とりあえず……
私はお天気が
大丈夫なうちに
お散歩してくるね
さささっ
江戸小唄と三味線の
柳家《やなぎや》小春《こはる》
外のお風呂にも
入ってくる
私もお風呂
あとビールとちくわ
私たちも
取材に
スタタ
ささっ
それぞれ散らばりました
ええ〜っ
ぼく
どうしたら
ええのん？
大人の修学旅行は
自主行動が基本。

とらや

片山の
日奈久ちくわ
日奈久ちくわ

下片山のちくわ
片山の日奈久ちくわ

三喜栄

日帰り入浴をやっているお宿も
たくさんあるので
温泉に入りつつお話を
うかがったりしたのですが
ねぇ……
さっきから町の人が
言ってる「スイサン」って
なんだろうね?
ほかほか
つやつや
私もそれ気になって
いたんだけど
「水産」なんじゃ
ないかな?
もしやお魚の
卸問屋さん?
こんなに海が
近いのに
意外に魚を
食べられる
飲食店が
見つけられない
海が近すぎて
魚介に関心がないのかな……?
「シャクみそ」も
売ってないみたいだし
ネットでは買えるようなことが
書いてあったんだけどなあ
あの喫茶店も
営業してるのかどうか
わからないよねー
「我路」さん
気になるー!
小さな温泉町のディテールは
靄《もや》に包まれたようでした
このパターンって
あれじゃない?
ミステリー小説で
スティーヴン・キングとか
ミステリーか?
小さな田舎町にやって来る
男女数人の旅行者たち
町は風光明媚だが
住民は何か秘密を
抱えているよう……
誰もが口にする
謎の言葉「スイサン」
さらには
「あんたたちこんな何もない
ところに4泊もして
どうするの?」
とか言われる始末……
実際言われた
ザ
パーン
SUISAN
ばんぺいゆ
ちくわ

そのうち仲間のひとりが行方不明に！
たいてい天候なんかに不満をもらすようなキャラがやられる！
カツノリが危ない！
作務衣とか着ててキャラが強いし！
やめなさい……
あ
ひよさーうにさー
小春さん
つやつや
ほかほか
温泉神社ってもう行った？
すごく良かったよー
無事だった！
まだ行ってない
あまりにも強すぎて暗殺されたお相撲さんがいたんだって
お墓もあったよー
嶋ヶ崎宇太郎関
だって
じゃあねー
なんと！
聞いた？暗殺された力士！
実はその力士の子孫が私たちの中にいて密かに復讐を企てているんじゃない!?
スティーヴン・キングというより横溝正史っぽくなってきてるよ？
だいたい誰が子孫なのよ

温泉神社参道

海が見える高台

コロシアムのような土俵
うわーすごいっ
何これ!?
神社を下りて「不知火《しらぬい》ホテル」にて
昔はあそこで相撲があってね それぞれの家で決まった桟敷《さじき》を持っていたのよ
うちはもう返納しちゃったけど
えー!
神社にあるキリンの彫刻は見た? キリンビールのマークはあそこのキリンが元なのよ
えー 見なかった
えーッ
マイ桟敷があったんですか!?
いろいろびっくりでした
温泉組合の会長さんより事前に
実を言うと町の人たちから上手く取材ができるのかどうか少し心配していました
宿をされている方は皆さんとてもお忙しいので……
日奈久の宿はご家族だけで営業されているところが多いのです
この本の取材をしていて全国どこに行っても宿で働く方がとても忙しいことは知っていました
24時間何が起きるかわからない大変なお仕事です
大きいとこも
小さいとこも
新しいとこも
旧いとこも

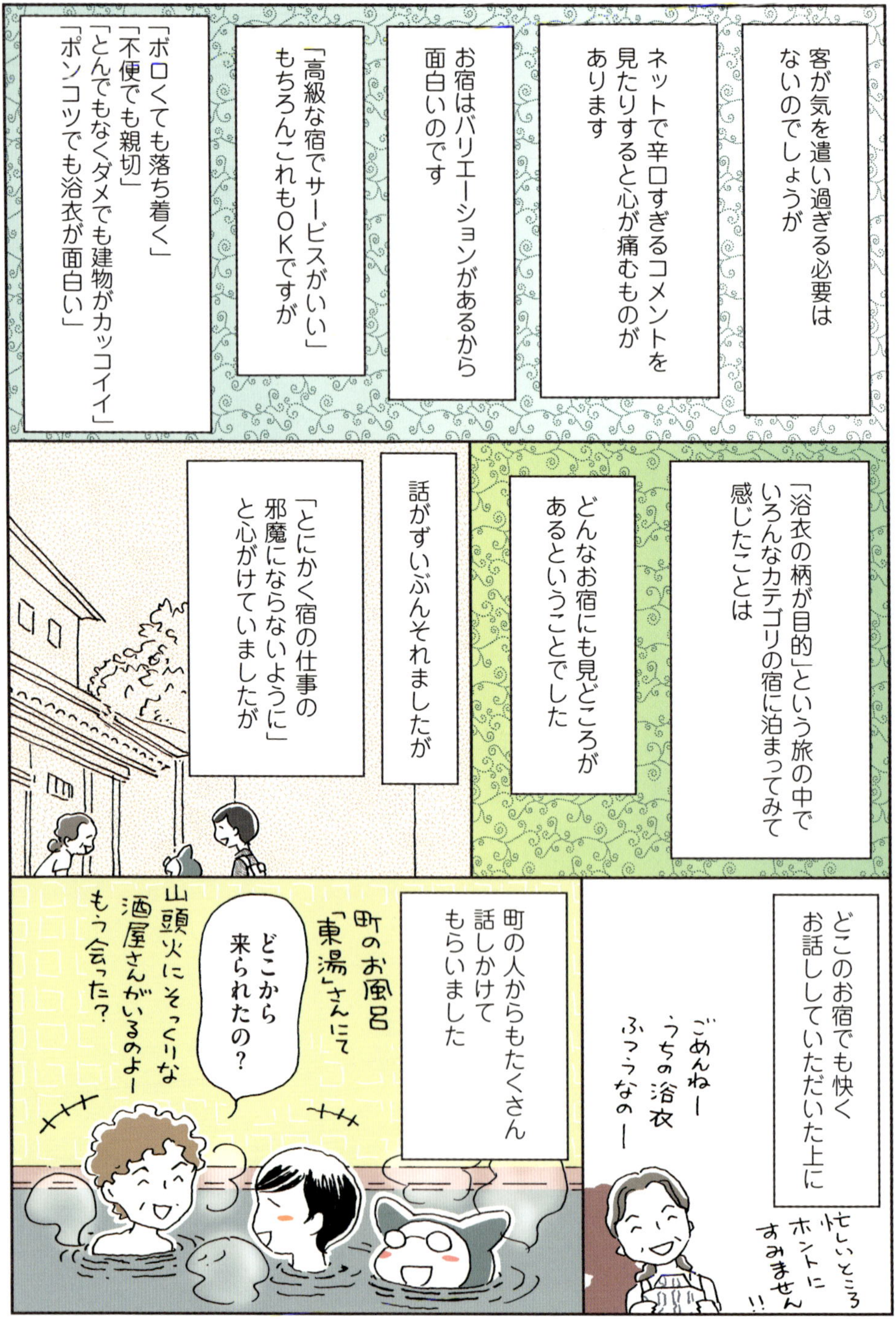
客が気を遣い過ぎる必要はないのでしょうが
ネットで辛口すぎるコメントを見たりすると心が痛むものがあります
お宿はバリエーションがあるから面白いのです
「高級な宿でサービスがいい」もちろんこれもOKですが
「ボロくても落ち着く」「不便でも親切」「とんでもなくダメでも建物がカッコイイ」「ポンコツでも浴衣が面白い」
「浴衣の柄が目的」という旅の中でいろんなカテゴリの宿に泊まってみて感じたことは
どんなお宿にも見どころがあるということでした
話がずいぶんそれましたが
「とにかく宿の仕事の邪魔にならないように」と心がけていましたが
どこのお宿でも快くお話ししていただいた上に
ごめんねー うちの浴衣 ふつうなのー
忙しいところ ホントに すみません!!
町の人からもたくさん話しかけてもらいました
町のお風呂「東湯」さんにて
どこから来られたの?
山頭火にそっくりな酒屋さんがいるのよー もう会った?

いっぱいお話してもらっちゃった!
皆さん話が上手で困っちゃうね——
どこに行っても長居してしまう……
「日ノ本サイダー」とってもウマい
そして運命の出会いは突然訪れました
えー! 東京から? そんな大勢で? まあまあ
「松の湯」の松本和子さん
松の湯
昭和6年のままカワイイ!
松の湯は以前はお宿もされていましたが現在は入浴だけです
日奈久はもともとお風呂を持つ家が少なかったため現在でも町のお風呂を使う人が多いのだそう(家にお風呂があってもなお)
そして町のお風呂は自然と交流の場として機能しています

松の湯の女将さんは日奈久生まれの日奈久育ち
おまけにとっても気さくでお話上手
それに乗じて色々聞いてみることに
あ あのっ
シャクみそって……
シャク？
シャクはこのへんでよく獲れますよ
※しゃくえびという海老 シャコエビと同じかと思いきや「アナジャコ」という全く別のものらしい。
日奈久の観光協会のホームページに「シャクみそ」が売ってるって書いてあって
すごく興味があるんです！
……私は自分では作らないんだけど
誰かわかる人いるかな――
季節のものでもあるしね…
あ ちょっとかおりー
何――？
娘さん・花織ちゃん
誰かシャクに詳しい人おらんかね？
ケンちゃんが詳しいと思うよ
天ぷらとか揚げるって言っとったもん
ケンちゃん！
ケンちゃんさっき入って行ったね？
まだ上がって来んかな？
ケンちゃん長い時は長いから
私聞いてくる
タタタタ
え
え

ケンちゃんは日奈久出身ではないらしい。

鮮魚のオンデマンドなのだった！

明日「水産」でシャクみそがあるか聞いてみます
そして お刺身も買ってみたい
日奈久の町の情報も取材したいと思ってお宿の夕食は頼んでないんですよ
だったら「孔雀」の焼肉はすごくお得ですよ！
おいしいよねー隠れた名店だと思う！
店長がすごく優しいんですよー
あの
「我路《がろ》」っていう喫茶店は営業されてるんでしょうか？
気になってるんですけど昨日も今日も閉まってて
やってますやってます！
午前中から昼過ぎまでですねーー
喫茶店がお好きなら「ケント」さんもおススメです。4時から休みで夜の部が7時からです。
なんて有能なんだ!!
……だね。
日奈久の情報は「松の湯」に聞け!!
そんなこんなでひらやホテルに戻ってみんなで酒盛りをしていたところ
ケイタイに着信が
ヴーッ
ヴーッ
ヴーッ
え
シャクみそが手に入った!?
ええっ

慌てて松の湯に駆けつけると
1人のおばあさんと
シャクみそが！
和子さんが入浴に来られたご近所さんに声をかけてくださり
家で冷凍保存されていた物をわざわざ取りに帰ってくださったとのこと
桜田ミヤ子さん
大感激です！
お風呂上がりのところを申し訳ありません!!
では実食。
パク
パクッ
美味しーー
めっちゃすっぱい!! そしてにが甘い！ こんなの食べたことなーい!!
珍味中の珍味!!
ダメな食リポ……。
おばちゃんありがとね
いーえー
ありがとうございました!!
地元のネットワークおそるべし！

「お友達と一緒に食べて」と貴重なシャクみそを分けていただいてみんなの待つお宿へと……
松の湯さん素晴らしかったね
まさか季節はずれのシャクみそにたどりつけるとは……
親子とも日奈久のことが大好きなんだねぇ
松の湯さんもそうなんだけど
会う人会う人が自分のお店のことそっちのけで
よそのお宿やお店を勧めてくれたよね
お宿が別のお宿を勧めてくれたりして面白いよね
小さくて人の顔がきちんと見えるいい町なんだね、きっと
ね
4泊5日じゃ足りない気がしてきた
困ったことにどんどんしてきたよ
シャクみそ
残念ながら「焼肉孔雀」は満席で入れなかったものの楽しい大人の修学旅行の夜
シャクみそおいしい!
ぼくのお肉は一!?
馬肉買ってきたから食べよう!
2人合流して7人に。

日奈久逍遥

江戸時代には
肥後細川藩の
藩営温泉。
今は
日奈久温泉センター
〈ばんぺい湯〉

毎日飲みたい
「日ノ本サイダー」
〈福島飲料水工業所〉

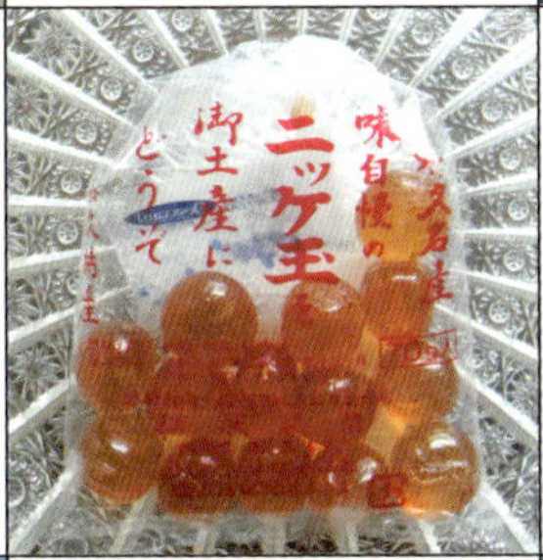

素朴なお土産
〈松永製菓〉の
「ニッケ玉」

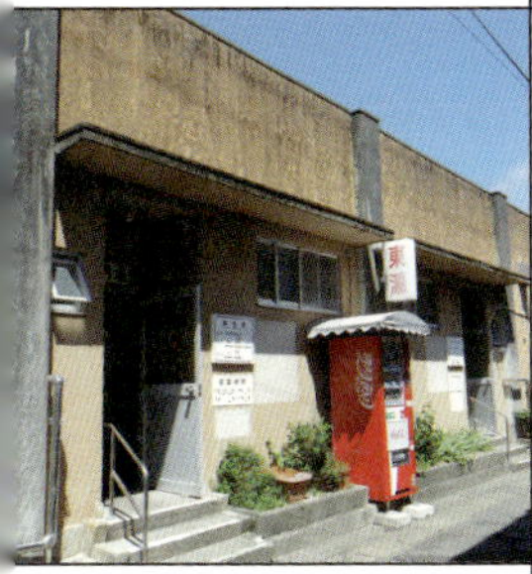

「晩白柚ソフト」
に
「晩白柚せっけん」

共同浴場〈東湯〉は
朝6時から営業

温泉街入口には
「日奈久音頭」の
流れる
からくり時計

ユーモラスな
「すもう人形」も
〈桑原竹細工店〉で

「シャクみそ」は
ご家庭ごとに
お味が違うもの
らしい

燃える
ような
「火の国」の
夕焼け

熊本県

column 6

日奈久温泉宿巡り
part 1

長くあたためていたこの本の企画が本格的に動き出してから２年以上を
取材に費やしてしまった。焦りとともに目に浮かぶのは、取材で出会った人たちの顔である。
日奈久にある温泉宿は十数軒。全てに泊まるのは無理でも、４泊あれば全軒の浴衣を
見せてもらうことは出来るのではないかしら？ 日奈久の温泉街を走り回りながら、
いつしか、目的は浴衣ではなく、お宿を訪ねることそのものになっていた。
浴衣をきっかけにして、私たちは日奈久の人たちと話がしたかったのだ。

※各お宿のお話は２０１６年９月時点のもの。（順不同）

1 ひらやホテル

927年（昭和2年）創業。現在の建物は東京オリンピックの年（昭和39年）に建てられたもの。決して豪華なホテルではない、昭和の香りがたっぷりと漂う旅館なのだが、私たちを日奈久に導いてくれた「おきんじょ人形」柄の浴衣のあるお宿（P111参照）。

お風呂は檜風呂と岩風呂の2つがあり、日替わりで男女が入れ替わる。東京から舟出浮きの手配をお願いしたところ、港までの車の手配など、女将さんが何度も心配してお電話を下さった。連泊の朝食のメニューが重ならないような細かい心遣いも嬉しかった。■

2泊目に出して頂いた浴衣は、隅切り菱剣花菱紋と屋号を組み合わせたもの。

檜風呂の湯船の底にもゴロゴロとした石が入っていた。

初日の朝ごはん。

ロビーには卓球台。

球磨川の石を敷き詰めた岩風呂。

ADRESS....熊本県八代市日奈久東町260-1 TEL....0965-38-0015 http://www.489.gr.jp/hiraya/

ADRESS....熊本県八代市日奈久中町326　TEL....0965-38-0125　http://yanagiya.link/

柳《やなぎ》屋《や》旅館

創業1889年（明治22年）。徳冨《とくとみ》蘆花《ろか》の『死の蔭にて』の中にも柳屋さんの名が見られる。私たちが訪ねた際は、これから大掛かりな補修工事が入ることが決まったところだった。「残して維持ばしていくのは大変ですよ、やっぱり。でも大事にしてかんならんばと」と話されるご主人にお宿の中を少し案内して頂いた。昭和13年頃に建てられた部分と、明治の創業当時のままの部分とが残っており、館内散策が楽しい。

「補修が終わったら、浴衣も新しく変えようと思うんですよ」と浴衣の見本を拡げていらっしゃる姿は、少し楽しそうで、私たちも嬉しい気持ちになった。■

①：大広間の折り上げ天上と欄間。
②：家紋の武田菱が、建物の随所に見られる。（階段の親柱）

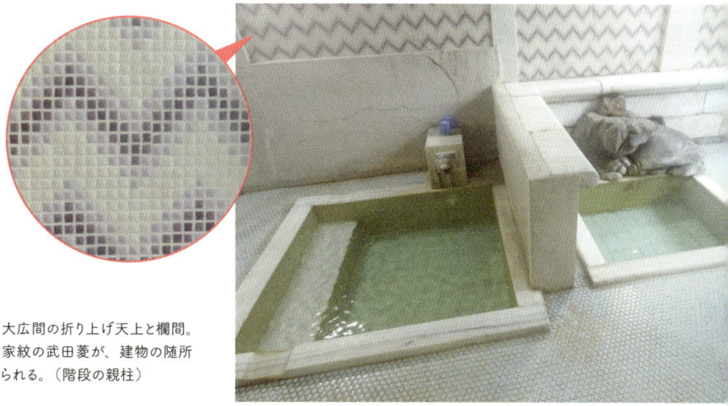

天然大理石の白い浴槽。

温泉旅館では定番の「ダイワ吉原」柄の浴衣。

美しいというより、かわいらしい障子。

離れのお風呂から見た母屋。

電灯の光までもが、懐かしさを醸し出していた。

館内には見所がいっぱい。

ADRESS....熊本県八代市日奈久上西町394　TEL....0965-38-3016

幸《さち》ケ《が》丘《おか》

昭和33年開業。現オーナーのお父様が趣味で温泉を掘られたことが、お宿を始められたきっかけだとか。現在は立ち寄り湯のみの営業だが、玄関先にまで届く程の濃い硫黄臭を持つ自家源泉で、日奈久で最も熱いお湯を頂ける。

オーナーによると、コーヒーもお茶も焼酎割も、全てこのお湯で味がまろやかになると

女湯はやや小さめだが、湯量はたっぷり。

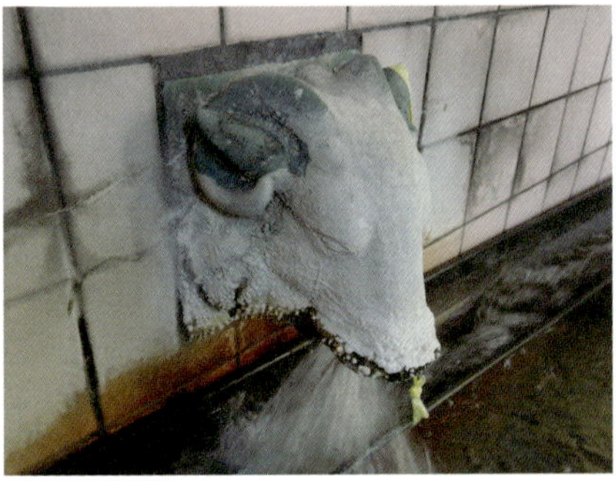

羊の湯口には温泉の析出物がいっぱい。

地味な湯治宿風の佇まいが、むしろ、温泉通の人達の心をくすぐるお宿。

武《ぶ》士《し》屋《や》旅館

自家源泉のお宿。日奈久の町を歩いていて、とても気になった「武士屋」という看板。実は、元々は仏師の人が始めた旅館で「仏師屋」という屋号であったそう。明治の頃に旅館を引き継ぐ際に、お宿の名前に仏もどうかしら？と、音だけ残して現在の文字となる。

共同浴場の東湯でご一緒した地元の方に「熱いお湯が好きなら武士屋よ!!」と勧められる程に、力強く熱いお湯が頂ける。■

街で見かけた武士屋の看板。

ADRESS....熊本県八代市日奈久上西町360　TEL....0965-38-0207

のこと。更に、胃腸にも良く、お肌は日奈久流に言うと「チュルチュル」になるというのだから、入らないわけにはいかないお湯である。

昔の「潟湯《ガタユ》」「潮湯《シオユ》」と呼ばれる海側の源泉のお話などして頂いたのも、興味深かった。■

自然光のたくさん入る気持ちのいいお風呂。

子どもが抱いた鯉の湯口。飲泉が可能で、口に含んだだけで、ご飯を炊くとさぞかし美味しいであろうと思わせる強さがある。

旅館寿《ことぶき》

P109
参照

自

家源泉のお宿。プロレスラー故ハヤブサさんのお母様が営まれる。武士屋さんとは、これまた異なる温泉臭がたっぷりとする。温度は熱すぎず温《ぬる》すぎずで、長湯をしたい人にお勧め。

残暑厳しい9月の熊本を走り回る私たちに、「暑いでしょう」と出して下さった特製かき氷が忘れられない。

小さなお宿だけれど、日奈久を取材している最中に、地元の方から最も推薦の多かったお宿であることも、付け加えておきたい。■

小豆入りのかき氷に、牛乳とインスタント珈琲をかけて出して頂いた。

瓢箪を思わせる温度の異なる二槽の湯船。(男女入替、あるいは、家族湯として利用)

ハヤブサさんを偲んで訪れる人も多い。

ADRESS....熊本県八代市日奈久中西町391番地　TEL....0965-38-0253

温度の異なる二漕の湯船。

黄色いタライに、南国の
花がよく似合う。

有田焼のライオンの湯口。

新《しん》湯《ゆ》旅館

1925年（大正14年）創業。関東大震災（大正12年）の直後に、地震対策を考えながら木釘と組み込みだけで建てられた完全木造建築。

「揺れるのは揺れますけど、びくともしません」と誇り高く話されるのは御年82歳の現女将。

「なんで意匠に富士山が多かかと言いますとね、父がアメリカから帰って来た時に、船から富士山が見えたら涙が出るごつ嬉しかったからなんです」

3階客室には、気持ちの良い山風が抜け、眼下に日奈久の町が拡がる。

「昔は夏は蚊帳だったでしょう。それが、風でびゅーって吹きよったですよ」

女将さんの昔語りは、含蓄が深く、貴重な日奈久の歴史なども聞かせて頂いた。

ADRESS....熊本県八代市日奈久中町290　TEL....0965-38-0728

column...6

左右不対称な格子がかわいらしい冬用の浴衣。

夏は、丈の長いズボン無しの昔の甚平スタイル。
帯も必要ないので、とても快適。

タイル貼りの玄関も、日奈久のお宿の見所の1つ。

館内に次々と現れる
美しい建具。

「午前中が日奈久、午後が南風原《はえばる》で、1週間交代で授業がありよりました」

戦中戦後、日奈久は、沖縄南風原の小学生の集団疎開先であったという。70年を過ぎた今も、交流は続いているのだというのだから、更に驚かされた。

「父がアメリカまで行って開業したんだから、簡単に閉めるわけにはいかん。私たちは、がんばらんといかんのです」女将さんが別れ際に言われた言葉に、胸がしびれた。■

途中、立ち寄った人吉《ひとよし》駅の
「駅弁やまぐち」。
容器がステキすぎて
捨てられず、
思い余って
友人に送りつけた。
「栗めし」の代わりに
生栗を詰めて……。
ちょっと反省してる。

第七章

日《ひ》奈《な》久《ぐ》温泉 後編

熊本県

旅のおやつ その⑦
お菓子の彦一本舗の「タヌキ」
国鉄八代《やつしろ》駅開業時（明治29年）に
駅の売店として創業したという歴史を持つ
八代を代表するお菓子屋さんです
絶滅危惧種
「タヌキケーキ」を捕獲！
かなり美形のタヌキ
クリームも本格派
たぬき囃子
9月に訪ねたら
十五夜用の
親子タヌキケーキの
貼り紙も発見しました!!
レアだね！

お菓子の彦一本舗：熊本県八代市旭中央通1-1

日奈久温泉滞在3日目です
いらっしゃい
2日目より参加
タケ
トキ
「竹の輪」という和文化の普及に努めている夫婦ユニット
3日目より
あみぐるみ作家タカモリ・トモコ
きたよー
フルメンバーが揃ったところで本日の夜はキャバレーに行くことになっております！
おとな！
ことの起こりは例によってうちの相方
回想シーン
ガラッ
うにさ！八代市内に「グランドキャバレー」があるんだって！「白馬」さんっていうの
ダダダダ
子どもの頃から大人になったらキャバレーに行くのが夢だった！
山形県酒田市の「白ばら」にも行ってみたかったけど惜しくも閉店しちゃって激しく後悔してる！
間に合わなかった！
くやしい！
とてもくやしい!!
日奈久旅行には男性メンバーもいるし
絶好の機会だと思うの
女性だけだと入りにくいから。
私、みんなに聞いてみるね！
きっと行きたいよね？
そそくさ
そんなわけで
トーク
White Horse(8)
うにさ
ライングループ「ホワイトホース」が発足。

※日奈久温泉から八代の繁華街まで車で20分くらいです

ここ「キャバレー白馬」は1957年（昭和32年）の創業
今や全国的に少なくなってしまった生バンドの入っているキャバレーです
白馬
White Horse
その豪華な造りにはもちろんですが
長身で立居振る舞いが美しい池田社長の登場に私たちはさらに驚かされました
若い頃には映画界からのお誘いもあったという
スッ
キンチョーする二人
初めてのキャバレーなので「何を着て行けばいいんだろう」って悩むぐらいドキドキしました
今も
ドキドキ
昔のキャバレーは敷居が高くて「ネクタイ着用」なんてこともありましたが
気楽な服装で大丈夫ですよ
はい
ホッ
日奈久に芸者さんがいた時代には温泉客は浴衣で
芸者さんと一緒にマイクロバスで遊びに来られてました
浴衣でキャバレー楽しそう!

もちろん
女性客も
大歓迎
ですよ
大きなステージには
箱バンド
ダンスホールの上を見上げれば
豪華なシャンデリアと
ミラーボール
白馬
真っ赤なビロードの
ソファの上には
ぴっちりと糊の効いた白いカバー
憧れのグランドキャバレーで
小春さんが唄う

あちらの社長からビールの差し入れですって
ええっ
40年間ほぼ毎週通われている常連さんにビールをごちそうしていただいたり
2人ともぜんぜん変わってないねー
ユキちゃん
熊本に嫁いだ大学時代の友人と待ち合わせて
まばゆい照明の下で二十数年ぶりに再会したり
気さくなホステスさんを交えて
お互いをねぎらい合うような親密感のある時間
惜しむらくは
生バンドで歌う勇気が私たちにはなかったことである
なぜか「アダモステ」ポーズで歌っておられた八代のエンターテナー
とっても気持ちが良さそうで見ている私たちもいい気分に

大人たるもの人前で歌のひとつも披露できるようでないと!
今度来る時までに2人でデュエットできる歌を特訓しよう!
カンパイ!
それでこそコンビ!
それでこそおとな!
いっぽうステージを終えた小春さんは
気持ちいいステージでしたー
スッ
とても良かったです
楽しかったー
今、粋曲《すいきょく》を唄われるっていうのはやはり「残したい」って思われるんでしょう?
僕も同じですよ
ありがとうございます……
言えば水商売ですが
キレイか店もキレイか女の子も他にありますけど
こんな場所どこにもないしどこにも移せん
残さないかんと思うとります
お店を出る時、常連さんや同級生のユキちゃんや池田社長とたくさん握手を交わしました
ドラマや映画の中でしか見たことがなかったグランドキャバレーは本当に大人の社交場でした
女性はなんと3千円!
リーズナボー!!

さて
日奈久4日目
せっかくなので大人数でできることをしよう！ということで
「舟《ふな》出《で》浮《う》き」を予約してみました
小春さんは
鹿児島でのライブのため別の旅路に。
手配は宿泊先の「ひらや」さんにお願いしました
たいへん親切に対応していただきました
うちでは送迎ができなくてー
大丈夫です
「舟出浮き」とは八代で古くから続く観光漁業です
漁師さんが前日に仕掛けた網を小舟に乗って引き上げる船遊びです
現在は無人島で漁師さんが作る料理とセットになった海のピクニックのような感じ
が
ここで問題が少々
舟出浮きにはお土産が付くのです
もちろんお土産とはその日に獲れた魚介のこと
ピッチピチ
困った私
その夜に宿泊する金《きん》波《ぱ》楼《ろう》さんに問い合わせたところ
調理代は頂きますが夕食にお出しできますよ
とのことで無事に解決！
ホッ

一筋縄ではいかないわね
でもさー
なんでもお宿に相談してみたらたいがいのことに対応してくれそうだよね
『要望は宿に伝えてみること』これは日奈久での極意。……かもしれません
ネットではわからないことが山ほどあるけど誰かに相談してみたら思いもよらない道が開ける。そこがだいごみとも言える。
あー、そういえば私船酔いしやすいんだった
酔い止めを買って行かなきゃ
タケさんも酔うって言ってたなー大丈夫かしら
そんなこんなで
八代漁港より出発
長ぐつ姿がカッコイイ!
お世話になった漁師さんご夫妻
カニ!でかい!
次々獲れる!
そして無人島
ラブリーだね

漁師さんのお昼ごはん
無人島のあずま屋
いただきまーーす!!
わぁーーーい!!
浮かれるおとなたち
飲み物は持ち込み
……
あれ?
タケさん!
うにさっ
ともちゃん!
トキさんまで!
どうしたー!!
何があったんや!
力士の呪い?
何?
ザパーーン

あ
この4人……
うにさから酔い止めを分けてもらってたような……
あげる
オレもー
ありがとう
私も念のため飲んでおこうかなぁ
あ～……
あ～……
それやな……
後に「うにさが一服盛った事件」としてホワイトホースメンバーに認知される出来事となりました
尻が上がる土下座
ごめん！みんな！
こんなことになるなんて!!
ぐすん
猛烈な睡魔と戦いながらそれでも食べ切ろうとしたトキさんの姿がこの夏の思い出
残し…たく…な……い……
うとうと
予想を越える大漁のお土産を前日までに日奈久で出会った方のところにお裾《すそ》分けに走り
地元の方は察しがつく
「舟出浮き」に行ったんです
ああ！
夕食までは各自自由に過ごす
もはや全員が町の様子を把握している。
慣れてきた

そうそう
話が前後しますが午前中の話です
松の湯さんで解明された日奈久の謎についての検証をしました
ダイジェストでお送りします。
喫茶店我路さん
珈琲 我路
喫茶店好きならキュンとくるふんいき♡
美しいミルクセーキ
オトメなカキ氷
そして水産へ！
カワハギを買って
お刺身におろしてもらい
むさぼり食べました！

※どちらも夏期のみです

「松の湯」花織ちゃん、サンキュー！カンペキ!!

さあ、ここから怒濤の展開
完全無添加のおいしいお味噌見つけたよー
フン フン
なんですってぇ!!
みそこうじ丸山商店
みそこうじ 山 丸山商店
無添加
日奈久みそ
開湯600年
「親父のやっていたことをそのまま同じやり方でやっているだけ」という店主
「こうじの量が市販の味噌よりはるかに多いので2週間ぐらいで食べられるようになる」という
驚きの味噌なのです
さらに特筆すべきは
え
お米や麦の持ち込みができるんですか!!
あ、
そうですよー
例えば古米が食べきれなかった時に持ち込んでもらったらいいんじゃないですか?
それぞれの味噌の違いですか?話すと5時間くらいになりますよ
完全にオリジナルの味噌ができるんですね!
キラッ キラッ
味見をさせてもらって米味噌と麦味噌を買って帰ったのですがものすごく香りがいい!
食べ切ったら取り寄せしなきゃ〜
オリジナル味噌かー
あ、…
にゃ〜

さらに別の情報も
何そのツルツルの顔
和カミソリで顔剃りをやってくれる床屋さんに行って来たの
ツヤ ツヤ
ピカ ピカ
すごぉーーく気持ちいいの〜
理容院モリモト
カット&ブロー
モリモト
レトロな外観だけれど中は清潔そのもの
顔剃りサイコーー！こんなに気持ちのいいものだったなんて……
ツボ押しもしてもらって気分は夢ごこちです
良く手入れされた道具が美しい。
メンバーたちから続々と情報が寄せられて
嬉しい悲鳴をあげながら日奈久の町を走り回ったのでした
ひーー

さて本日のお宿は「金《きん》波《ぱ》楼《ろう》」

創業1910年（明治43年）
現存する日奈久の温泉宿の中で
最も規模が大きく

美しい木造3階建ての建物は
平成12年に
国の登録有形文化財に
指定されています

古くはこの金波楼の目の前までが
海で、夕陽が沈む際に
金波銀波に光る
海が見えたことから屋号が付いた
そうです

金波楼さんでの夕食は全員揃っての宴会をお願いしました
もちろん浴衣着用で
ぼくカニむくの得意やねん
むいてあげるね!
カツノリごきげん
ポキ
ポキ。
ポキ
日中にはしゃいだ疲れもあいまって
一服盛られたこともあったかもしれないが……
いい具合に酔っぱらってきた大人たちは
うにさささーん
何——
カツノリには一服盛ってないから土下座はしないよ?
温泉浴衣ファッションチェックを始めたのでした
その着方はないワー…
え…
ここにきてのディスリ?
呉服屋五代目
テキトーすぎィ……
そうだった
このメンツの中では私だけキモノの着付けができないんだった……
温泉浴衣の取材をしてる私が超アウェー? みたいな?
やだこのグループちょっとヘンなんじゃない?

あ
みんな帯結びが違うんだねー
写真撮らせて
いいよー
男性陣も撮っていい？
いいよー
ぐすん……
うぇーい
キモノを自力で着られる方は参考にしてみてくださいね
テキトーでもいいと思う。
ちなみに男女で柄ちがいの「波柄」ですすてき
みんな凝った結び方してるなあ
私もアウェー？
最終日です
チェックアウトしてあっさり解散
大人の修学旅行は現地集合・現地解散が基本。
私たちはお宿の取材を続けます
行こうか
うん

日奈久で多くの人と会って
お話をしました
振り返ってみると
町は初日とはまったく
違ったふうに見えました
「こんな何もないところに
4泊もするの？」
って町の人には言われたけど
足りないくらいだったね
心残りが
けっこうあるよ
「孔雀」の焼き肉とか
山頭火の「おりや」も
修理中で見られなかったし
温泉神社の
キリンも
見てないし
被災により
見ることが出来なかったが→
2017年4月、クラウドファンディングで無事復旧。
「やり残したことが
ある旅行」って
「いい旅行」
なんだと
思うの
ん？
「またここに来たい」って
思えるでしょ
なるほど——
COFFEE
ケント
日奈久での最後の訪問先は
喫茶店「ケント」さん
町の人たちの会話に
何度も登場したお店です
日奈久の
生き字引だって
伺ったんです
そんなことないよ
誰が言ったの

「普段は町の人が来ても全然しゃべらない」とおっしゃるマスターは
それでも私たちの繰り出す質問に丁寧に答えてくださり
そして貴重な一枚の写真を見せてくださいました
ああっ
温泉神社の桟敷ですね
カッコイイ!
仕切りがあったんですね
すてき!!
すごい人出だー!!
それぞれに組立て式の障子を持ってって囲ってたんだよね
うちの親父が撮ったの
さあ飛行機に乗り遅れるよ!
いやだー もっと話を!!
いや本当に急がないと!
ヤバい!!
話の続きを聞きに
また来ます!
確かに「いい旅行」でした。

第七章 おしまい

column 7

熊本県

日奈久温泉宿巡り part 2

鏡《かがみ》屋《や》旅館

創業1887年（明治20年）。日奈久の現役のお宿の中で最も古い旅館。

混浴ではないが、男湯と女湯の間の仕切りは低く、会話をしながらでも入れそう。男女を分けず、家族風呂の様に利用してもらうことも多いらしい。お風呂は宿泊者のみの利用。食材持ち込みの宿泊が可能なので、昔ながらの長期の湯治を楽しむことも出来る。

古いお風呂や建物であるにもかかわらず、清潔感が満ち溢れていて、とても大切に使われているのが伝わって来た。■

看板の「自宅温泉」というのは、自家源泉だった頃の名残。

脱衣所から壁づたいに階段を下りると三槽の浴槽がある。

湯舟の栓まで、いとおしい。

向かって左が男湯、右が女湯。

現オーナーの叔父上が、大正時代の民間の飛行機乗りであったそうで、古いプロペラなどの展示もある。

スッキリとしたタイル張りの玄関。

ADRESS....熊本県八代市日奈久上西町361　TEL....0965-38-0026

ADRESS....熊本県八代市日奈中町283 TEL....0965-38-0213 http://www.atarasiya.jp/

あたらし屋旅館

震災でお風呂などに大きな被害があったため、私たちが訪ねた際は工事中で建物やお風呂の撮影は出来なかったものの、気さくにお話しして下さった。

元板前の現オーナーが、自前の船で自ら獲った魚を供する料理自慢のお宿。中でも八代の海老と熊本の蓮根を使った「蓮根饅頭」は人気のお品だとか。食べられなかったのが惜しまれる。予約をすれば、宿泊客でなくとも新鮮なお魚ランチを頂けることも、覚えておきたい。現オーナーになってからは37年だが、屋号としては、明治から続くお宿。■

見せて頂いた浴衣は3種類。魚自慢のお宿には、やっぱりお魚柄がありました。

不知火《しらぬい》ホテル

創業54年。ホテルと名は付いているが、純和風の温泉旅館。客室棟が大きく2つに分かれており、片側ではペットを同伴出来る。「苦手なお客様もいらっしゃるからね、両方気持ちよく滞在して頂けるようにしてあるんですよ」と女将さん。

丁度帰省されていたオーナーの妹さんと一緒に、年末に開催される竹灯篭のイベントの話や、土用の丑の日に行われる「丑の湯祭り」の話、お宿の名前ともなっている不知火の話など、たくさんして下さった。

舟出浮きや、周辺の体験型観光を組み込んだ宿泊プランなどもご相談出来るお宿だが、個人的には宴会用に無料の「貸し出し衣装」がたくさんストックされていることに、大変に興味をそそられた。■

①：富士の絵ならぬ、ガラスブロックで出来た八代の竜峰山のあるお風呂。②③：定番の柄だが、屋号が入っているのが嬉しい。④：お腹をすかせた私たちに、お向かいの桑庵さんからラーメンを取って下さった。

ADRESS....熊本県八千代市日奈久温泉中西町新4 TEL....0965-38-0414 http://shiranuhi-hotel.com/

column…1

新《しん》浜《はま》旅館

ADRESS....熊本県八代市日奈久上西町487-1　TEL....0965-38-0838

客室から海が臨める小さなお宿。
「海岸の風っていうのはね、真夏でも冷たーい風でね。夏に窓開けて寝てると、漁船がポンポンポンポンってね……」と笑い上戸に話して下さった女将さんだが、実は改装工事目前で「作り直してしまうもんだから、申し訳ない……」とおっしゃるところを無理に取材させて頂いた。

木の趣旨を伝えたところ、私たち好みの浴衣をスッと出して下さった。

「もう今私たち、旧態依然としてますけど、私の子どもが帰った時に美味しい物を食べさせたいなというような気持ちでやってるからですね、それだけが取り柄です」お姉さんの畑で作られているという野菜たちが、笊《ざる》の上で人懐っこそうに、こちらを見ていた。■

目の前は海。

縁起のいい七五三の縞に長瓢箪の浴衣。

檜のお風呂は、予約をして家族風呂としての利用も可能。

山《さん》海《かい》荘《そう》

何度かお訪ねしたがご不在のため、
残念ながら外観のみの撮影となった。■

海沿いのお宿です。

ADRESS....熊本県八代市日奈久上西町494　TEL....0965-38-0039　http://www.sankaiso.jp/

震災後、2階客室の家具なども、耐荷重を考えて軽量なものに変更されたのだとか。

旅館宝《ぼう》泉《せん》

戦前の創業で、現オーナーが三代目。熊本地震で、お風呂や厨房を大きく被災され、猫と一緒に9日間の車中泊をされたという。震災後、八代市街の旅館やホテルの多くが宿泊客の受け入れが出来なくなってしまったため、実被害の少なかった日奈久の旅館の多くが工事関係者の宿泊の受け入れを行った。宝泉さんも、幸い客室が無傷であったため、街の共同浴場を利用する形で、復興に助力された。

「せっかく今まで何十年もやって来たから、もし倒れるとしても見たいと思って、揺れた時は、外から宿を見てたんですよ」と女将さん。

震災の前年にリフォームされたという客室には、所々に昔懐かしい箇所が残っており、乙女心をくすぐる。

「古さを残そうっていう日奈久なんですけど、うちは、それを通り越したいんです。地震でやられましたでしょう。やっぱり残しながら変えて行かないとね」どこまでも前を向く女将さんに脱帽。■

赤と黒で統一された廊下。

レトロでキュートな手洗い。

お部屋の地窓からも窺える赤い廊下。

ADRESS....熊本県八代市日奈久中町522　TEL....0965-38-0823

（浜膳旅館） ADRESS….熊本県八代市日奈久中西町379 TEL….0965-38-0103 http://hamazen.info/
（しのはらホテル浜膳） ADRESS….熊本県八代市日奈久上西町335 TEL….0965-38-0010

浜《はま》膳《ぜん》旅館
しのはらホテル浜膳

創業12年と日奈久では新しいお宿。全客室に半露天風呂温泉が付いているので、カップルにはもちろん、出歩くのが億劫なご老体にもありがたいお宿。日本の温泉の入浴スタイルに抵抗のある外国人観光客にもご紹介したい。大浴場は無いが、すぐ近くにある別館「しのはらホテル浜膳」の大浴場を利用出来る。■

2階がフロント。

系列の「しのはらホテル浜膳」の方は工事中であったため、外観のみ。

私たちが見せて頂いたお部屋の湯口は龍であった。

人目を気にせず、24時間ゆったり入浴できます。

金《きん》波《ぱ》楼《ろう》

P149
参照

①：圧巻の80畳の大広間。②：大広間の杉皮網代《あじろ》編みの船底天井は、昭和14年の創建当時のまま③：ピカピカに磨かれた廊下や階段。

創業1910年（明治43年）。日奈久温泉に到着した夜のこと、温泉組合の組合長さんとお会いすべく、私たちは金波楼の門をくぐった。帳場には、にこやかながらも威厳のある年配の男性がひとり。さすが大きなお宿だけあって、立派な番頭さんがいらっしゃると感心しつつ、ロビー脇のギャラリーへと案内された。組合長さんは若い男性。震災被害のことや、日奈久の現状についてお話を伺い、その真摯な対応に、てっきり金波楼の社長さんであると思い込んでしまった。「全面的に協力しますよ！」との力強いお言葉を支えに、数日間、日奈久を走りまわり、最終日になってから、帳場にいらした方が組合長さんのお父様で、金波楼の現社長さんであることに気づいた。

　慌てて勘違いのお詫びを申し上げたところ、社長さん、にっこり笑って一言。「それくらいに見える方が丁度いいんです」そのしなやかな対応に、金波楼というお宿が、どんなお宿であるかが見えた気がした。浴衣は男女異なる波模様。（P151参照）■

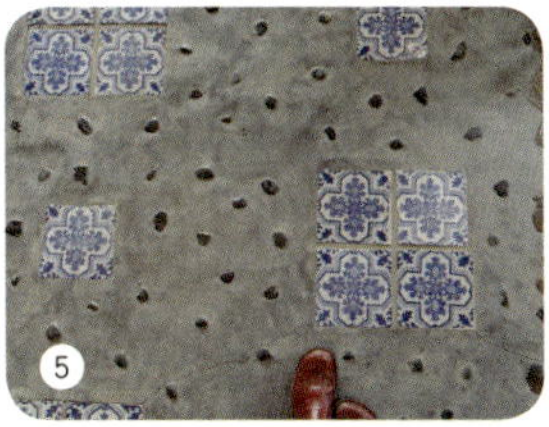

④：お宿の何処を撮っても絵になる（客室内建具）。⑤：玄関のたたきで使用されている古いタイルは有田焼で十字架をデザインして作られたもの。⑥：ガラス戸の奥には露天風呂も完備されています。

ADRESS....熊本県八代市日奈久上西町336-3　TEL....0965-38-0611　http://www.kinparo.jp/

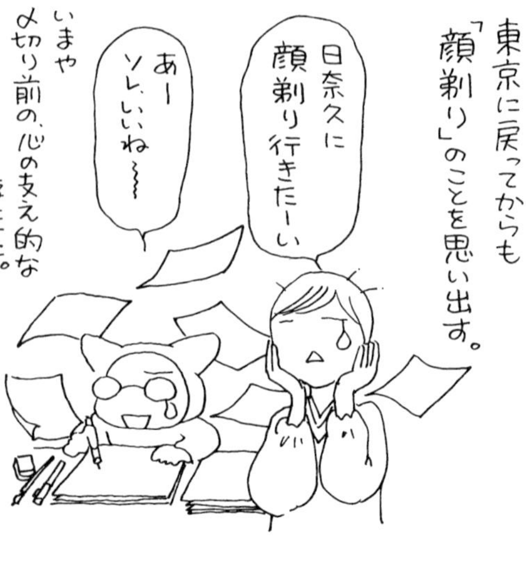
東京に戻ってからも「顔剃り」のことを思い出す。
日奈久に顔剃り行きたーい
あーソレ、いいね〜〜
いまや〆切り前の、心の支え的な存在に。

第八章　別府《べっぷ》温泉郷　大分県

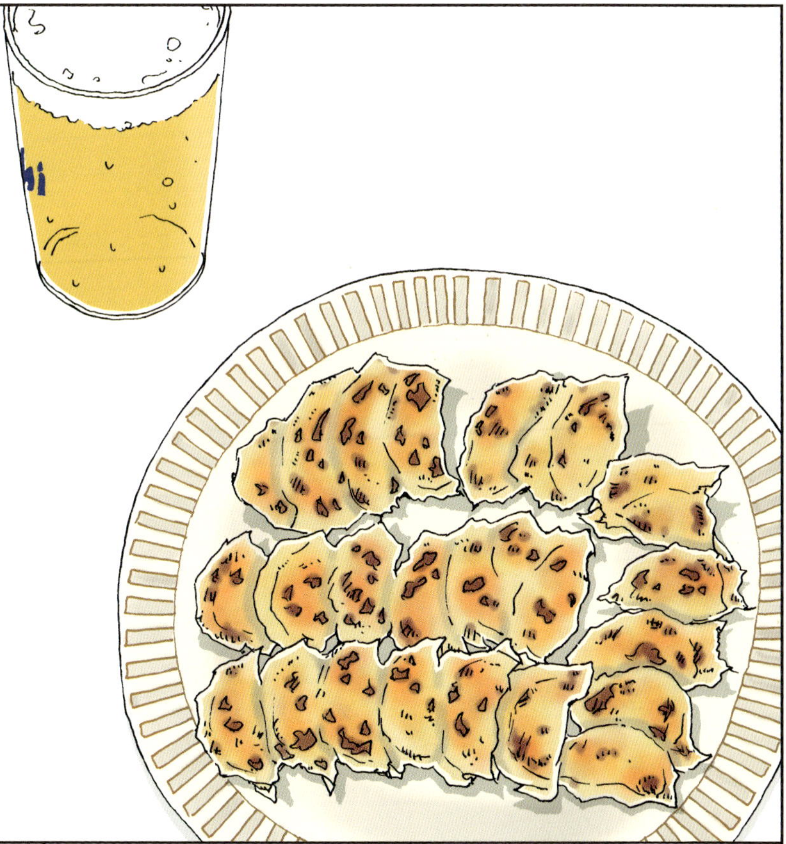

湖月：大分県別府市北浜1-9-4

2016年11月のこと
大分県別府駅
別府観光の祖 油屋熊八像
自ら「温泉県」と名乗る大分県の一大観光地です
もちろんイカした温泉浴衣があるのです
いこうぜ
いこうぜ
本日私たちが目指すのは鉄輪《かんなわ》温泉
かめがわ
亀川温泉
柴石温泉
明礬《みょうばん》温泉
鉄輪《かんなわ》温泉
べっぷだいがく
堀田温泉
観海寺《かんかいじ》温泉
べっぷ
別府温泉
浜脇温泉
別府八湯
とにかく広いので目指すエリアを決めるべし
鉄輪温泉に行くには別府駅から25分ほどバスに乗ります
亀の井バスは油屋熊八《あぶらやくまはち》が「別府地獄めぐり」のために亀の井旅館のバス事業部として設立したのが始まりです
※大分交通のバスもあります

日本初の女性バスガイドを発案したり
富士山に登って「山は富士、海は瀬戸内、湯は別府」という標柱《ひょうちゅう》を立てたり
油屋熊八とは独創的なアイディアで別府観光を発展させた人物です
勝手に立てた。
他にも怒られそうなことをいろいろやってる。
1863年(文久3年)
宇和島生まれ
1935年(昭和10年)没
めちゃくちゃオモシロイ人だね～
観光協会でお願いしてゆずってもらった
熊八伝『地獄のある都市《まち》』
なかなかのドアホウぶりだよね
そんな「熊八魂」が息づいている予感のする街に
私もうにさも実に修学旅行ぶりにやって来たのでした
「地獄」を「バスで巡る」って発想が物見高くてステキよね——
やって来ました鉄輪温泉
ぶぉぉぉっ
いたるところから温泉蒸気が吹き出している
期待に違わぬビジュアルに盛り上がる私たち
あ
あそこだ！

本日のお宿「ヤングセンター」です
注目はココ!
おおおっ
なんと劇場が併設された温泉旅館です
座長 姫京之助
座長 姫錦之助
座長 姫勘九郎
花形 姫衣近
開演時間
もちろん私たちは観劇する気満々
大衆演劇って初めてなんだよー
私も!
温泉浴衣を着て観たいよね!!
お芝居は昼の部と夜の部があり
宿泊客は昼、夜、翌昼の3回の公演を自由に観ることが出来るという贅沢さ
宿泊なしの観劇だけでもOK
どちらかというと「劇場」にお宿が併設されているという感じかもしれない。
はやる気持ちを抑えつつとりあえず恒例の……
温泉浴衣チェーック!!
何かおかしなノリになってきてるぞ?

サウナ風呂!!
ヤング！
キター!!
これよこれ!!
昭和57年12月公開『男はつらいよ 花も嵐も寅次郎』のエンディングはヤングセンターの前で撮影されていてよーく見るとこの浴衣も映ってるんだよ！
お風呂とお芝居と浴衣で身も心もヤングに!!
沸く!!
理想的な温泉浴衣を着てもはやテンションはMAX☆
うにさとってもお似合いよ！
ひよさこそ!!
キャッ
キャッ
この時はまだ大衆演劇の観劇が私たちのイメージするところと
若干のズレがあることを知る由《よし》もなかったのでした

芝居小屋「ヤング劇場」
夜の部は6時半から9時半頃までのいわゆるお食事どきと重なっています
飲食OKだから芝居を観ながらのごはんだよね♪
日帰りのお弁当付き観劇プランなんてのもあるみたいだよ
そう
私たちがイメージしていたのはこんな感じ
芝居7：食事と酒3
和風の宴会場で舞台との距離もそこそこあるかんじ
しかし
実際の客席はなだらかな傾斜のついたホールであり、机などなく
座椅子は？
座布団のチケットは買ってないの？
えっ
買ってきます！
あわ
あわ
初心者の私たちは右往左往
そして舞台は思いのほか近く
客席を見ると熱心なファンは前方に陣取り
後方はゆったりと観たい方が多いようでした
花道もある!!
お手製うちわ
LOVE
体育座りのカップルから
牢名主スタイルのご老体まで
じゃまにならぬよう後ろのほうに

観劇スタイルは様々なものの……
ムンムン
ギギン
皆さん120%舞台に集中だ!!
距離もめっちゃ近い!!
食べてる場合じゃないね……
暗くて何を食べてるかもわからない
しかも役者さんと目が合って超気まずい……
もぐ
もぐ
オープニングの顔見せは華やかに
続く人情芝居はしっとりと
役者さんが観客の心をつかんでいきます
客席には舞台に見入る子どもたちの姿もあり
おばあちゃんと来てたりする
休憩時間のロビーでは
御芝居おもしろかったねー
1カ月間昼と夜全部違う演目をやるらしいよ?
ん?
でもさぁ

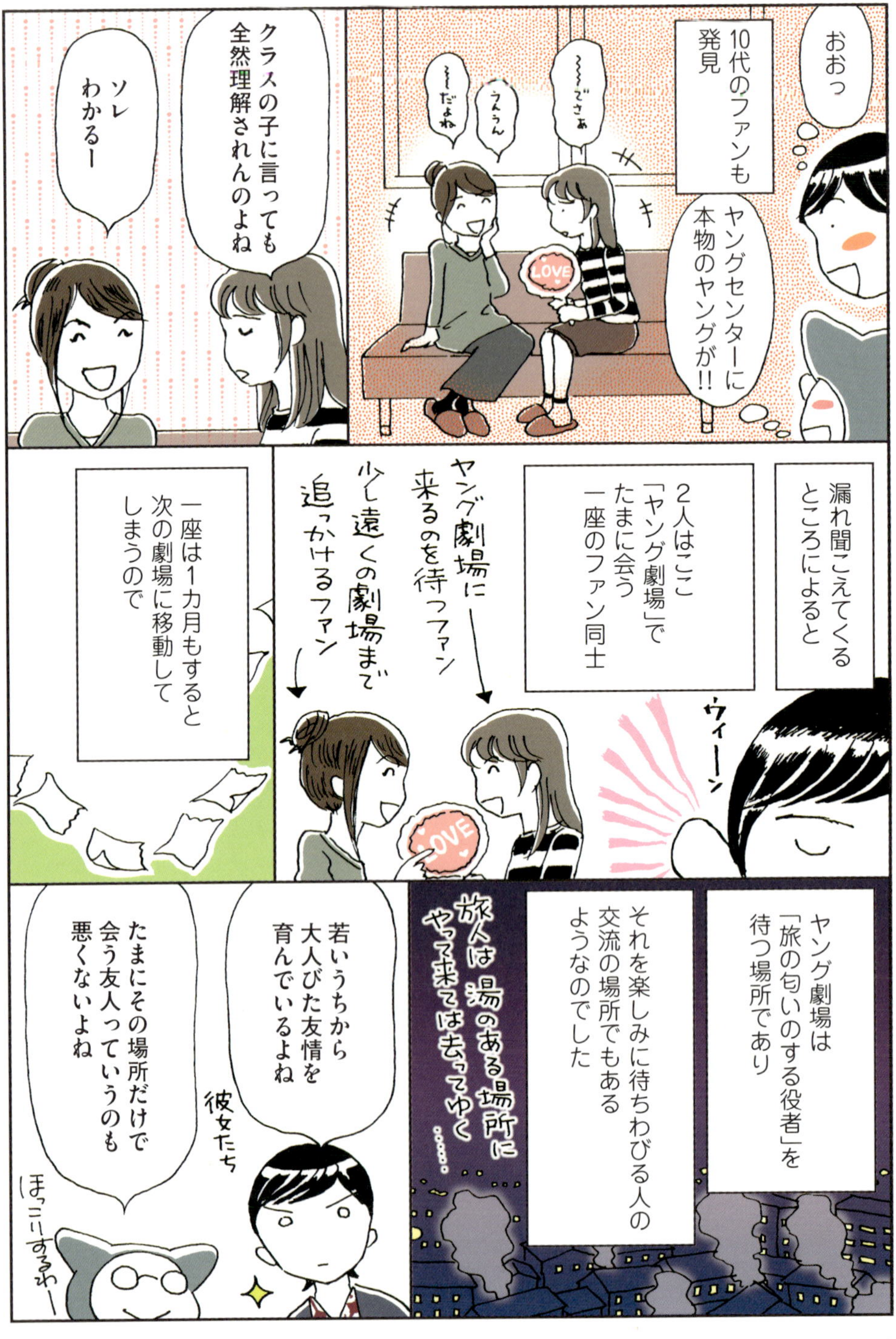
おおっ
10代のファンも発見
ヤングセンターに本物のヤングが!!
〜〜でさぁ
うんうん
〜〜だよね
LOVE
クラスの子に言っても全然理解されんのよね
ソレわかるー
漏れ聞こえてくるところによると
2人はここ「ヤング劇場」でたまに会う一座のファン同士
ウィーン
ヤング劇場に来るのを待つファン
少し遠くの劇場まで追っかけるファン
LOVE
一座は1カ月もすると次の劇場に移動してしまうので
ヤング劇場は「旅の匂いのする役者」を待つ場所であり
それを楽しみに待ちわびる人の交流の場所でもあるようなのでした
旅人は湯のある場所にやって来ては去ってゆく……
若いうちから大人びた友情を育んでいるよね
彼女たち
たまにその場所だけで会う友人っていうのも悪くないよね
ほっこりするわー

そして第二部の歌謡ショウがスタート
お、おおっ……
ごひいきの役者さんが登場すると
ここぞというタイミングを計って客席のファンが1人また1人と立ち上がって
「お花」と呼ばれるご祝儀をスッとつけては静かに着席
自分が応援したい相手にダイレクトに気持ちを渡す
キラキラ全開
その応援が役者さんたちをますます輝かせる
ほれっ
こんなにもファンとの距離が近い舞台があるなんてっ……!!
なんだかとっても真っすぐで正直なものを見たような気持ちになったのでした
終演後ロビーにてツーショット写真を撮ってもらうこにさ
はわー
ちなみに東京に戻ってから何度か大衆演劇を観に行ってみましたが
ツウの小春さんにつれて行ってもらった
おススメがあるの!!
伝導師こはる
まだまだ驚きは続いています

ふはー
ヤングセンターのお風呂
さすがに広いね～
これなら団体で来てもいっぺんに入れるね
まるで横たわる川のようだわ…
男風呂もカッコイイみたいだよ
初体験の大衆演劇は驚きの連続だったけど
全体的に庶民的なところが気に入ったよ
同じお芝居でも歌舞伎なんかだと観に行く自分も「おしゃれしなきゃ」って構えちゃうけど
普段着の舞台って感じがして良かったよね
私たち普段着ですらなかったもんね
温泉浴衣を着てても違和感なし
のびのび
22.5cm
ねぇ
温泉浴衣ってさ
考えれば考えるほど変なものだと思わない？

私たち浴衣着て
鉄輪の町も散歩したし
お芝居も観たけど
その浴衣を着て
今から寝るんだよ?
んー?
うーん
ヘンかな?
うっ
要は寝間着で
人前に出たり
ウロウロすることが
許されてるわけだ
ひら
ひら
パンツ一丁に浴衣一枚って
うにさが毎日着てる
Tシャツとジーンズより
はるかに無防備で
野放図でお気楽で
だらしないでしょ?
わたしのこと
バカにしてる?
うん…! でも
ある意味
温泉街での生活は
理想的かもしれないな
ジーンズ以上にラフな格好で
ウロウロしてもOKなんて
最高じゃない?
そうだ
温泉街の
浴衣OKなエリアを
どんどんどんどん
拡張していけば
うちの近所でも
温泉浴衣でウロウロ
できるのでは!?
ザバァ
くるっ
たとえば草津温泉街の
メンタリティ圏を拡張
していくと
OK
OK
OK
OK
いつか
うちも
草津に!!
へぇ……
………
ち、ちがうよね?
スト

さてさて
タジオクゥの別府のお湯めぐり
せっかく温泉県に来ているので
できるだけいろんな種類のお風呂に入ってみました!
創建1276年 鉄輪むし湯
軽く体を洗い着がえをしてから タイマーを持って 小さいドアの中に入ります
すごく低い天井
石の壁
なんだか点心になった気分だね
ハーブ蒸しシウマイだ
温泉蒸気
石菖がしきつめられていて 香りからも癒されます ホカホカの石の枕が首に あたってたいへん気持ちいいです。
(直は熱いのでタオルをしくこと)
別府駅前 町営高等温泉
駅前温泉
外観もレトロモダンでかわいい
別府駅から徒歩1分 という立地に 200円で入れる温泉が! 温泉県の実力を感じる
入口で「あつ湯」か「ぬる湯」を選んで入ります
私たちが入ったのは 1階のあつ湯
シャワーやカランではなく 湯船を囲んで 体を洗います

鉄輪 鉱《こう》泥《でい》温泉
別府「地獄めぐり」のひとつ「鬼石坊主地獄の脇にある泥の温泉（坊主地獄内にも温泉があるのでおまちがいなきよう）
6人くらい入れる
営業時間が短いので要確認！
初心者はのぼせ注意！
入浴方法がわからなくて困っていると常連さんが教えて下さいました
泥湯に浸かったあとベンチで泥を乾かしてまた浸かるをくり返す。
湯は思いのほかサラサラ。乾くとパリパリ。出た時には体ポカポカお肌スベスベ。
初めて？
パリ
パリ
別府町営 紙屋温泉
紙屋温泉
男湯
女湯
別府駅から徒歩12分くらい町の路地にひっそりとあります。料金はなんと100円。「東京にもこんなお風呂があったらいいのに……」と思うも無理な相談。
入る時や出る時には軽い挨拶を忘れずに。
共同浴場は社交の場です。
洗髪する時はプラス100円
お先にー
はーい
はーい

鉄輪ひょうたん温泉
瀧湯や歩行湯など8種類のお風呂が楽しめ、食事もできて深夜まで営業しているので1日中遊べます。「温泉テーマパーク」的施設。
……というと、少々子どもだましな印象を受けるかもしれませんが
なんとミシュラン三ツ星を獲得している実力派
明治11年からある名物の瀧湯
バババババ
イテテテテ
セルフサービスの「砂湯」
埋め放題埋まり放題
自分で調節しないとダメですよ
しかし！
くわっ
特筆すべきはコレ!!
昭和2年建造「ひょうたん閣」
7階建て展望台！
こんなファンタスティックなタワーがあったのです！
戦時中に標的になるのを避けるため取り壊されたとのこと。無念……
昭和8年に製作された「別府温泉地獄巡り」というレコードに当時の「ひょうたん閣」の様子が収録されています。
※実際の女性バスガイドさんが東京でレコーディング
右の眞下は昔より名高い鉄輪温泉場。白い奇抜な建物は瓢箪温泉、其の先に遠く連なる山脈の抱ける海は別府湾
そりゃあ奇抜だったことでしょう!!
復活希望！

創業1879年
竹瓦温泉
別府駅から徒歩8分ほどの繁華街に突如現れる重厚な建物は別府のランドマーク的存在。
竹瓦温泉には「普通湯」と「砂湯」があります。
普通湯も良いですがここの砂湯は特別です。
専用の衣類に着がえていると
冷めるから急いでー
と声をかけられる
ん？
冷める？なんで？
天井がべらぼうに高くてすばらしい開放感！でも身動きはできない！
砂かけさん
温泉蒸気で砂があたためられていると思い込んでいましたが砂を温泉水に浸してあたためているのです！
すごいことを考えたものだ！天才!!
たぷ〜ん
ずっしり
ほかほか
こっち側を使っている間に
もう片面を温泉で満たして砂をあたため惜しげもなく温泉を抜いて砂の洗浄もしているのです!!

別府逍遥

別府駅北口で
偶然見つけた
岡本太郎の陶板壁画
「緑の太陽」

別府駅高架下
別府市民の台所

駅のサインも
温泉マーク

大分県産に
こだわったお土産が
揃っています

名物「やせうま」は
きなこと黒蜜で

地元女子から教わった
〈香蘭荘〉の
ブランデーケーキ

「やせうま」
お食事バージョン
かぼす入り
「団子汁」

江戸時代の
南蛮菓子を
復刻した
〈但馬屋老舗〉
「はるていす」

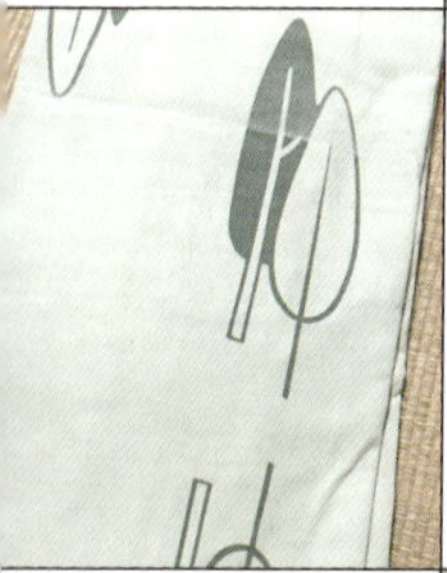

〈豊泉堂〉の
「福獅子」は
七難即滅
七福即生

〈湖月〉の
完璧な
メニュー

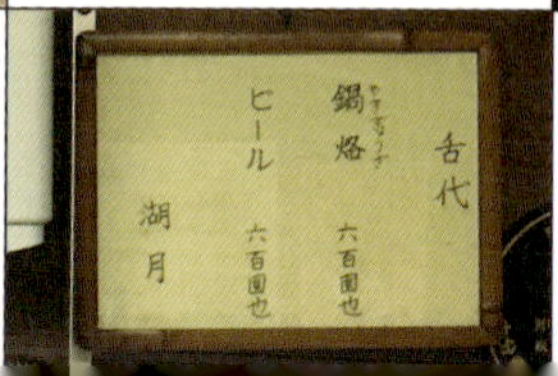

天然の形が
愛らしい
竹枝ペンと
竹枝鉛筆

鉄輪の
「地獄蒸し料理」は
はずせません
▼

そばアレルギーにも
安心、美味しい
〈天心軒〉の冷麺
▼

▲
なぜか大分、宮城、
北海道の3県でしか
販売されていない
S&Bの
「ホンコンやきそば」

▲
喫茶
〈なつめ〉の
「珈琲三昧」

「トリ天」発祥の店
〈東洋軒〉の初代は
天皇の料理番
▼

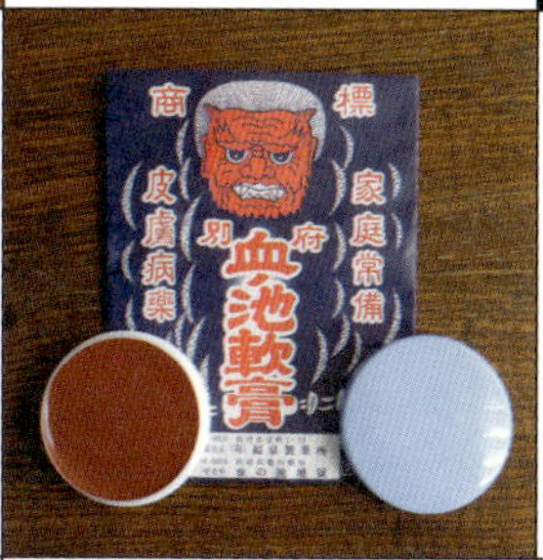

駅弁
「たみこの夢弁当」
カレーパンと
柚ねりようかんの
おやつ付き
◀

▲
パッケージが秀逸な
「血の池」の脇でしか
買えない軟膏

別府2日目のお宿
野上本館の浴衣
▼

杉乃井ホテルの浴衣
1967年公開映画
「社長千一夜」では
森繁久彌も
着ています

▲
行列のできる
〈友永パン〉の
クリームパンは
ワンコです
▼

▲
〆に最高
〈チョロ松〉の
「カモ吸い」

さて別府2日目のお宿
「野上本館《のがみほんかん》」です
野上本館
NOGAMI HONKAN
竹瓦温泉まで徒歩1分
実は
この別府の中心街のお宿に
どうしても入ってみたい
お風呂が
もうひとつあったのです
野上さんのお風呂は
大浴場の他に
貸切風呂が3つ
猫好きのご主人いわく
ひのきの半露天が
一番の人気です
とのことでしたが
私たちが熱望したのはこちら
喜久泉《きくせん》
光壽泉《こうじゅせん》
「刻《とき》の湯」と呼ばれる
2つのお風呂です
刻の湯は
「世間《せけん》遺産」の
研究家でもある
写真家
藤田洋三さんが
設計されたものです
碁石を
くりぬいたあと
なんですって
使用されている
タイルや瓦や
食器などは
藤田さんが長年
収集されたものと
野上本館で
古くから使われていた
ものなのだとか

玄関から出てすぐの別館です

喜久泉
トキノユ
異素材のミックスはともすると不釣り合いなものになりがちですが
キッチュな中にも落ち着きを備えた魅力的な姿へと再構築されています
いかす！
パシ
パシ
タイル好き、モザイク好きにはたまらないね!!
細部まで凝りまくっているのに……
全体が成立しているのが不思議だよ!!
光壽泉

あっちを見てもこっちを見ても楽しくなるお風呂だねぇ〜
は〜
まるで別府みたい
かわいいわぁ
別府って行く先々にびっくりするようなお風呂や観光地があって
街全体が巨大な遊園地みたいだよね
そういえば油屋熊八さんって
「美味しい饅頭が食べても食べてもまだあるような観光地造り」を目指していたんだって
いいね!
無限に続くおかわりが!
そんな温泉地は地球上でここだけかもね
でもね
そんなふうに考えたのは熊八さんだけじゃなかったのかもって思うの
別府にはいろんな時代に熊八さん的な人がいたはずなんだよね

地獄めぐりも
鉄輪むし湯も
竹瓦温泉も
ひょうたん閣も
泥が煮えておるぞ!
ややっ面妖な!!
人を驚かせよう楽しませようって気持ちに溢れているでしょ
なんじゃコリャー!
キャーすてき
温泉だけでも充分なのにね!
今はない「鶴見園《つるみえん》」にだって行ってみたかったよ!
温泉と少女歌劇が呼びもので「九州の宝塚」といわれたらしいよ
ザバァ
うぷ
「ヤングセンター」が別府にあり続けるのもうなずけるね
いつの時代にも「行ってみたい」があるのが別府なのかもね
Asahi
アサヒビール
そうそう
高台にある「ラクテンチ」にも行ってみたいなあ
ビールっ ビールっ
今回は無理かなー
くやしいけどあきらめるしか……
そういえばラクテンチって元は金山だったらしいよ
でもお湯が湧いちゃって掘ることができなかったんだってさ
どこまでも別府だなぁ……
そんなこんなで別府旅行は終了

……だったのですが
別府から東京に戻って1週間も経たない日のこと
別府市長が「ラクテンチ」での「湯〜園地」計画を発表
この動画が100万回再生されたら湯〜園地を実現させます
やってしまった……
あっという間に達成
ラクテンチに行きそびれた私たちは地団駄を踏み
行きたーいっ
あ〜
じだんだ
もちろん
「別府市の心意気やよし！」とクラウドファンディングを通してそのイベントに参加したのでした
クラウドファンディングによる
支援額…………… 33,966,585円
その他の支援を含め
総額……………… 81,828,088円
３日間の入場者数 ……… 9,145人
３日間の延べボランティア数
………………………… 約1,100人
経済波及効果……185,470,000円
やってきました ラクテンチ！
２０１７年8月31日「湯〜園地」最終日
ラクテンチ

バブル状の温泉水!!
湯～園地、湧いてます!
湯～園地、湧いてます!
熊八ポーズ
アストロファイター
会場は
こんな大規模で
バカバカしいことを
実現してしまった
達成感と歓喜に
満ちあふれており
熊八ポーズ
私たちは
別府でなければ
不可能だった
プロジェクトである
ことを
確信したのでした
別府市民すげぇ!
ところで
この大きく話題となった
「湯～園地」計画が
別府市の掲げる
「遊べる温泉都市構想」の
ひとつでしかないことを
皆さんはご存知だろうか
まだまだ
やります!!
別府には饅頭の「おかわり」が
まだまだ用意されているのです
おまけ
ギャー
たのしーっ
生まれて初めて乗った
ジェットコースターが泡風呂だった人

第八章 おしまい

おもてなしの温泉浴衣

column 8

山《やま》田《だ》別《べっ》荘《そう》

大分県

踊りだしたくなるような応接室。

沈丁花がモチーフの浴衣。

大分は別府にある「山田別荘」さん。昭和5年に建てられた和洋折衷の建物は、オーナー山田るみさんの曽祖父にあたられる山田英三氏の別荘であったものだ。現在は、その昭和モダンな建物と、素泊まりの手軽さで、若い女性を中心に人気の宿でもあるが、海外のお客様に愛されるお宿でもある。

日本を訪ねる外国人向けの観光ガイドをしている友人によると、ありがたいことに多くの外国人旅行者は、日本の民族衣装であるキモノに少なからず感心を持って下さるそうだ。近頃は、京都だけでなく全国の観光地で、キモノをレンタルしてそぞろ歩く旅行者の姿が見られる。しかし、本格的なキモノ体験は時間を取られる上に、思いの外値段も高く、限られた滞在の中で数時間をキモノに費やすのは、かなりの興味がなければ出来ないことらしい。その点お宿の浴衣は、無料な上に特別に時間を割く必要もなければ、人の手を借りずとも自分で簡単に着ることも出来る。まさに海外からのお客様にとっては、丁度いい頃合いの文化体験なのだそうだ。そしてその体験から、

ADRESS……大分県別府市北浜3丁目2-18　TEL……0977-24-2121　http://yamadabessou.jp/

自家源泉のお風呂。

タイルもかわいい。

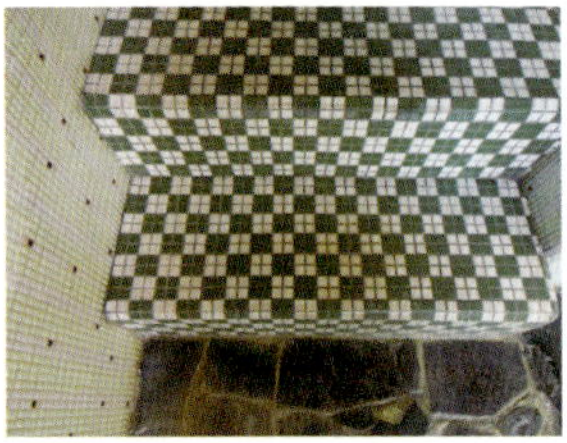

この縁側になら、1日中座っていたい。

この日咲いていたのは黄色いツワブキだった。

しっとりとした和室。

浴衣をお土産に買いたいという声も少なくないらしい。

今回お訪ねした山田別荘さんでは、そんなお客様からの声をきっかけに、オリジナルの浴衣が制作された。モチーフはお宿の庭先で香り高く春を告げる沈丁花。画家・牧野伊三夫氏の絵を、アートディレクター富田光浩氏がデザインしたものである。

「外国からのお客様は、本当にキャーキャー言いながら喜んで下さるんですよ」

オーナーのるみさんは、目をキラキラさせて語られる。

「私自身もキモノが好きなので、時間のある時には、古いキモノを出して見せてさしあげることもあるんです。そんな時は、宿の中で、もう撮影会みたいになっちゃってね」

確かに、このお宿ならロケーションは最高である。

しかし、建物以上にるみさんの気さくさや、小さいお宿だからこそ出来る行き届いたおもてなしが人を惹きつけているのだろう。11月の雨の日の訪問であったが、ホカホカと温かい印象が残った。■

熊八像ものまね

※時代劇の「あーれー」「よいではないか」ってやつではない。

第九章　湯平《ゆのひら》温泉　大分県

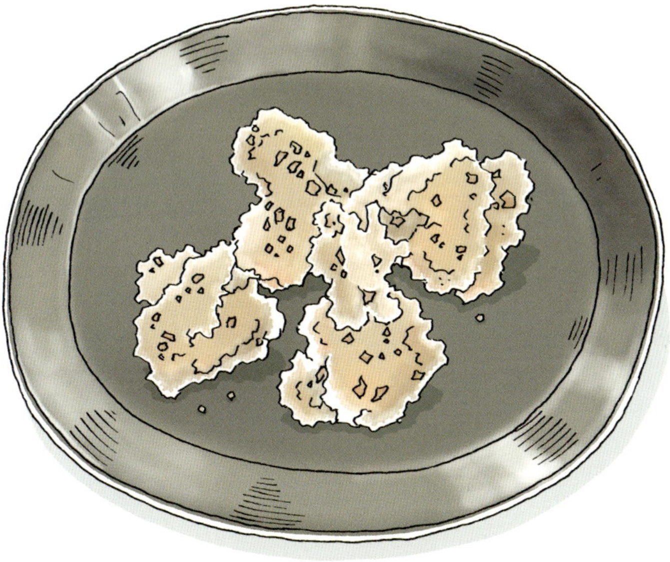

旅のおやつ その⑨
三村製菓「温泉糖」
長湯温泉の炭酸泉と砂糖と卵白で出来たやさしいお菓子です
そのまま食べてもよしコーヒーやお料理などに入れてもコクが出ます
うちでは自家製アイスクリームに砂糖代わりに入れてみました
見かけは軽石
食べるとカルメ焼きっぽい
ポリ
ポリ
温泉糖
包装紙がいい。温泉土産らしさバツグンです。

三村製菓：大分県竹田市直入町長湯8030-1

おおっ……
別府から湯布院《ゆふいん》方面へ移動中の私たち
由布岳《ゆふだけ》の裾野で車を止めて広大な風景に見とれているところです。
鶴見岳
1,374m
由布岳
1,583m
美しい円錐形の山であることから「豊後富士」とも呼ばれています。この日はあいにく頂上が雲に隠れていました。
飯盛ヶ城《いもりがじょう》
1,067m
突然ごほうびが降りて来たみたいに現れたよね……
ぽかーん
由布岳も鶴見岳《つるみだけ》も黒っぽいなぁ
溶岩だから？野焼きしてるの？
由布岳登山の皆様にお願い
登山届けを必ず提出又は書きましょう。
自分自身の為
家で待つ家族の為
もしもの時捜索等の為
以上の事は登山者の「心得」「義務」です。
由布・鶴見岳自然休養林案内標
九州森林管理局　大分森林管理署　Tel 097-532-9281(代)
由布鶴見岳自然休養林保護管理協議会　Tel 0977-21-1111(内線) 4454　別府市役所 農林水産課内

由布岳は
熊本県と大分県にまたがる
「阿蘇くじゅう国立公園」の一部です
当たり前といえば
当たり前なのですが
これらの火山が
別府や由布院の
温泉の源なのだと
改めて実感させられる
雄大な景色でした
お湯を育む大地だね
緑の頃にも来てみたいねー

阿蘇くじゅう国立公園
由布岳登山口
(大分県 別府市)
ASOKUJU NATIONAL PARK
Mt.YUFU TRAIL

P.58参照

温泉水も一緒に出していただける

※ヤングセンターが登場する回と同じ。P.165参照。

劇中で「飲めば胃腸病に
よく効く名湯」と紹介されて
いるのです
若き日の
沢田研二
と
田中裕子
湯平の旅館で
出会った2人の恋が
東京に戻って
すったもんだあるものの
寅さんのおかげで(?)
成就するという
ストーリー
ジューリィィィ
話の終盤に
おいちゃんちに
湯平の湯が
宅急便で
届くという
シーンが
あります
下條正巳と
三崎千恵子
?
クンクン
水か?
温泉の
お湯じゃ
ないかい?
余談ですが
この映画が公開された
前年の1981年に
コンビニで宅配便の
取次が開始され
宅配便は何気ない
街の風景の一部と
なりました
寅さんは娯楽映画の皮をかぶった
「記録映画」だと思っている。
へー
そして何より湯平には
目指す温泉浴衣があるのです
行くしかない
ジュリーも
着たかもしれない!
それは……
どうかしら?
観光客で
あふれかえる
湯布院の
喧騒を
横目に。

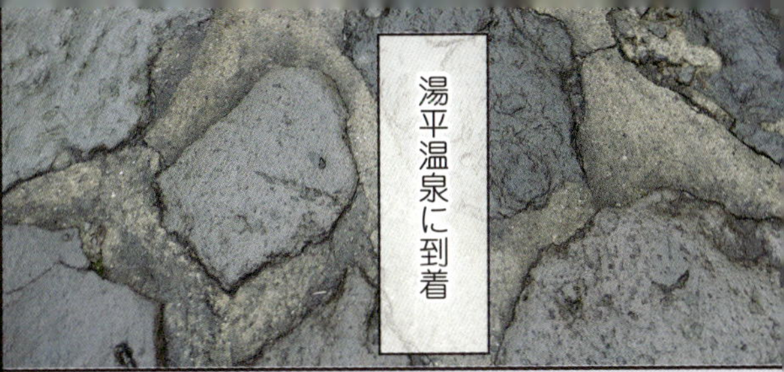

湯平温泉に到着

花合野《かごの》川を挟んだ
両岸には
温泉宿や
公衆浴場が
建ち並び
急勾配の坂道に
敷き詰められた
石畳が
美しい町です

歴史も古く
開湯は鎌倉時代まで
さかのぼるとのこと
戦前は別府に次ぐ
来客数を誇り
療養型温泉地として
名を馳せておりました

こちらが本日宿泊する
「旅館志美津《しみづ》」さん

温泉街の坂を登りつめた先にある
しっとりと静かなお宿です

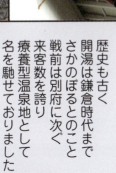

まずは浴衣を!
なんと虫柄!!
しかも上品……
ご主人にお話を聞いたところ60年以上も前に作られたデザインとのこと
ちっとも古びてない!むしろ新しい!
おしゃれ!!
虫はニガテだけどこれはいい虫だ!
さて お風呂の時間です
志美津さんには清々しい露天風呂や貸し切りの家族風呂もあるのですが
イチオシのお風呂はこちら!

大洞窟温泉です
天然石で囲まれたお風呂は
露天風呂の爽やかさとは
打って変わって
妖しい雰囲気があります
館内にこんな別世界があるなんて！
洞窟って落ち着くねぇ
このウェットな感じ！
「八つ墓村」を思い出すなぁ
竜のあぎと!!
この洞窟温泉には驚くべき過去があるのです
ザバッ
アヴァンギャルド
かつて洞窟温泉内にバーカウンターがあってお酒が飲めたのだとか！
昭和、自由すぎ!!
いいなー

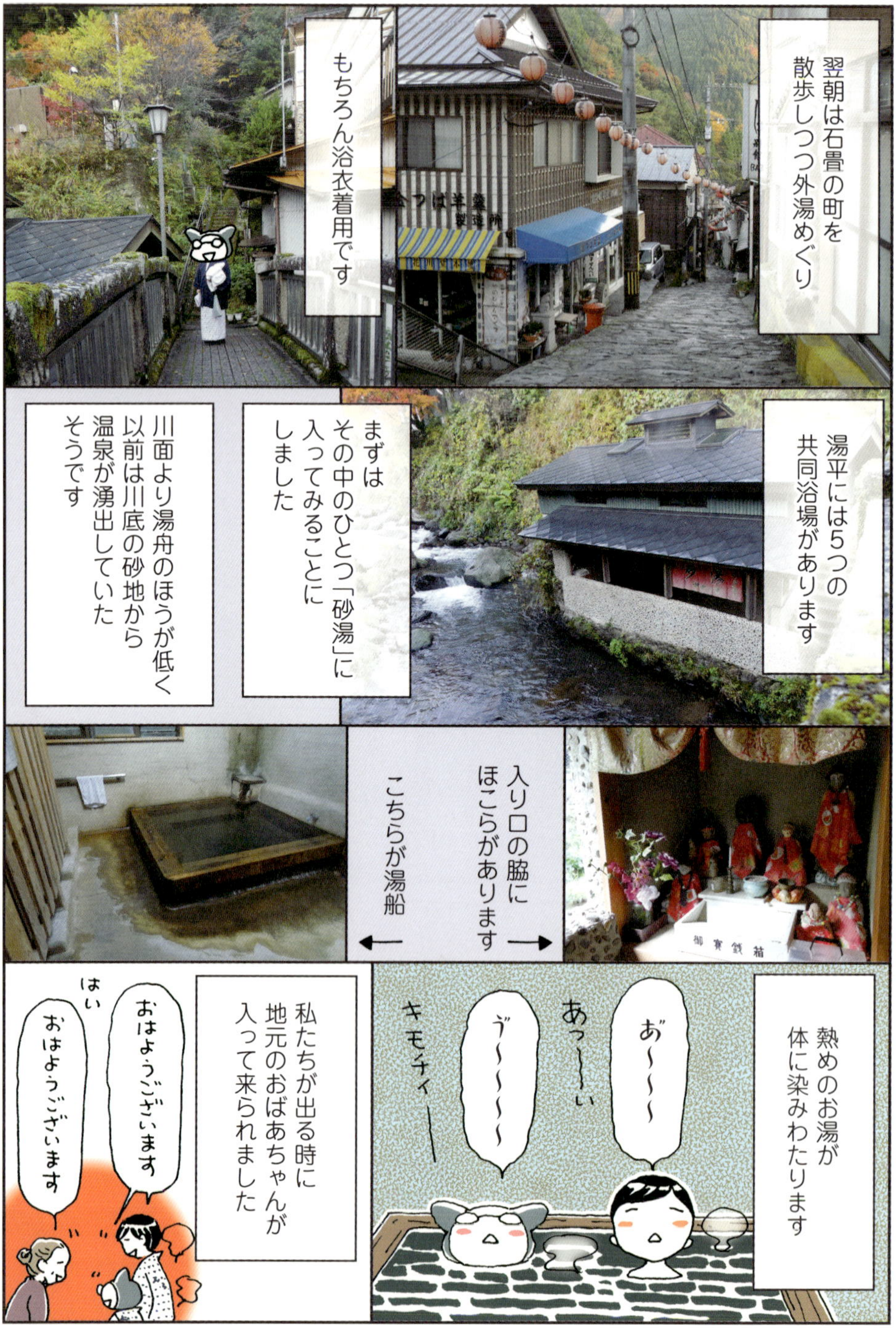
翌朝は石畳の町を散歩しつつ外湯めぐり
もちろん浴衣着用です
湯平には5つの共同浴場があります
まずはその中のひとつ「砂湯」に入ってみることにしました
川面より湯舟のほうが低く以前は川底の砂地から温泉が湧出していたそうです
入り口の脇にほこらがあります →
御賽銭箱
← こちらが湯船
熱めのお湯が体に染みわたります
あ゛〜〜〜
あっ〜〜〜い
う゛〜〜〜〜
キモチイ〜〜〜
私たちが出る時に地元のおばあちゃんが入って来られました
おはようございます
はい
おはようございます

志美津さんのお客さんね
どこから来られたの?
東京からです
……
←脱衣所
今「志美津」さんのお客さんって言われたね
ね
あーれー あなたたちこんな熱いのに入ってたの?
水でうめたらええのよ――
えっそうなんですか?
ちょびっとガマンしてた
お宿の浴衣って簡易の「身元保証」みたいだね
そうね
地元の人には一目でどこの客かわかるもんね
私さぁ温泉浴衣のそういうところも好きなんだと思うの
ん?
「私」を見せるための衣類じゃないでしょ?
着飾ることとは逆のベクトルっていうか
個人を主張しない「ただのお客さん」になれるよね
そうそう

同じ物を着て
人と均しくなって
自分であることを
少しだけお休み
する感じ
たまにはそういう時間も
必要だよねー
お賽銭箱
共同浴場「橋本温泉」
橋本の湯
早朝の静かな
湯平の町には
過去から
受け継いだものを
町の人が
手をかけて
日常の中で
とっても大切に
扱っていることが
にじみ出ていました
共同浴場にも
お地蔵さんにも
町の石畳にも
はーー
ほへぇ〜
………
………
ふしゅ〜
それにしても
温泉浴衣の
ルーツに
たどり
つけないよね
………

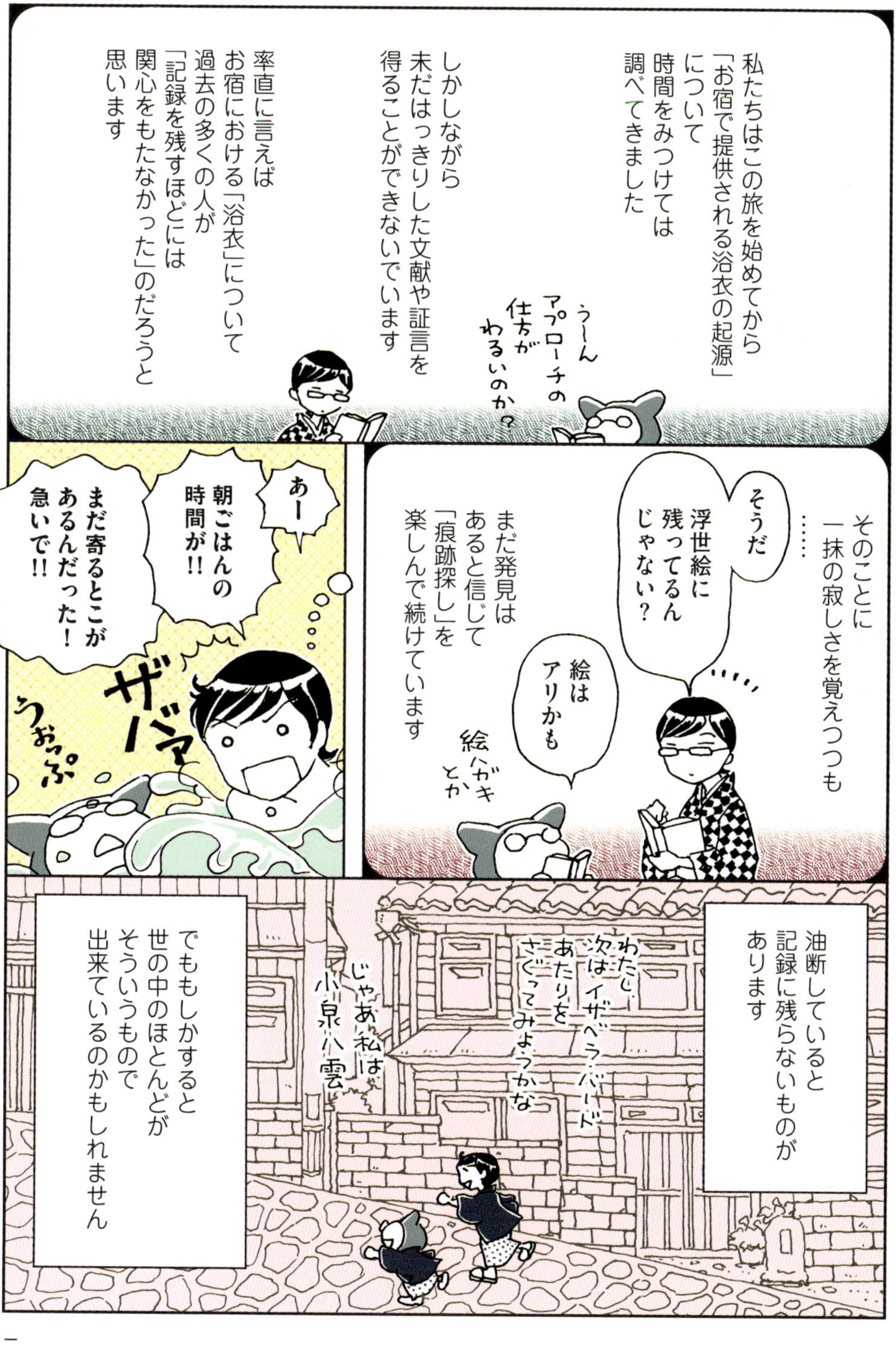
私たちはこの旅を始めてから「お宿で提供される浴衣の起源」について時間をみつけては調べてきました
しかしながら未だはっきりした文献や証言を得ることができないでいます
率直に言えばお宿における「浴衣」について過去の多くの人が「記録を残すほどには関心をもたなかった」のだろうと思います
うーん アプローチの仕方がわるいのか？
そのことに一抹の寂しさを覚えつつも
……
そうだ 浮世絵に残ってるんじゃない？
まだ発見はあると信じて「痕跡探し」を楽しんで続けています
絵はアリかも
絵ハガキとか
あー
朝ごはんの時間が!!
まだ寄るとこがあるんだった！急いで!!
ザバァ
うおっぷ
油断していると記録に残らないものがあります
わたし次はイザベラ・バードあたりをさぐってみようかな
じゃあ私は小泉八雲
でももしかすると世の中のほとんどがそういうもので出来ているのかもしれません

………
………
飲泉所……閉鎖されてた……
しょぼーん
し、しょうがないよ
あきらめよう
ポンポン
あっ！
ガクッ
うう……
よろよろ
ぱあああっ
朝ごはんに
温泉粥が出ました♥
おいしー!!
パク
パク
持ち直した……
そろそろチェックアウトの時間だよ
何してるの？
はーい
こそこそ
クスクス
ねえ、うにさ
ちょっとだけ予定を変えてもいい？
……うん？
なにそのわるいカオは

湯平温泉に別れを告げ
気をつけて
温泉粥美味しかったです！
いろいろありがとうございました！
くじゅう連山方面へ20分ほど車を走らせます
目指しているのは温泉じゃなくて「鉱泉」なんだよね？
どう違うの？
んーっとね………
「鉱泉分析法指針」や「温泉法」を見ると細かく定義があるんだけど
「指針」と「法」なのね？
むずかしそう……
鉱泉とは
地下からの湧水であるとか
ポンッ
タコ先生
特定の成分が一定以上含まれているとか
または
極めて温度が高いとか
又は？
え
温度が高いだけでもいいの？
よくわからないー!!
まあまあ おちついて
広い意味では温泉も鉱泉の一種で
日本では25度以上が温泉でそれ以下が鉱泉と呼ばれることが多いみたいだよ
温度の低い温泉や高い鉱泉もあるからヤヤコシイけどまあ常に例外はあるってことで……
ポン
へー
まあだいたいでいいや

ともかく!!
効能のある土地の成分を含有した水!
強引→
キラッ
私たちはそれをいただきに行く!!
キッ
到着したのは!
由布市庄内町白水《しらみず》鉱泉
注目はココ
天然炭酸水の里
白水湿生花園
入口
これが天然炭酸水!!
うにさ予想以上のシュワシュワ!!
サイダーが流れ出している〜〜!!

飲んでみよう！
おう！
シュワッ
シュワッ
いざ
ぐいっ
ぐいっ
ウ
ウ・マーーイッッ!!!
唇に水が触れただけで美味しいのがわかる！
こんな味の炭酸水は飲んだことない！
スゴイっ
「持ち帰り用（有料）」と
「その場での飲泉用（無料）」の蛇口がズラリ
フツーの蛇口から激ウマの炭酸水が出てきたよ～
アハハハハ
スゴイへん！ぜいたくすぎるー
ゲラゲラ
※怪しい成分が含まれてる訳ではない
ひよさが笑いすぎなので私から解説。
白水鉱泉は
飲むと
便秘・尿が出にくい・糖尿病・食欲不振・胃の調子が悪い人に効果があるそうです
入浴すると
皮膚病・痛風等アセモにも効くとのこと
しかも冷たくて美味！
温泉もいいけど鉱泉もいい!!
ヒー

よし、第2ステップだ!
天然炭酸水で「かぼすサイダー」を作ろう!!
「白水鉱泉に行く」と志美津旅館のご主人に話したところ
大分名物かぼすとスティックシュガーを持たせて下さったのでした
ギュっと絞って
砂糖を入れて
シェイク!!
炭酸鉱泉を注ぎ
さあ、行ってみよう!!
あーッ シュワっとスッキリ!!
天然の冷たさサイコー!!
さわやかーっ かぼすおいしいっ
志美津さんのご好意に感謝!
予定を変更したわたしグッジョブ!!
あまりにも満足して
飲泉サイコー!!
ドーパミンが出過ぎたのか
どういうわけかさらに車で30分ほど走り長湯温泉に向かうことに
あれっ? 飛行機の時間は?
お昼ごはん食べる時間ないね

長湯温泉にある
「ラムネ温泉館」は
藤森照信氏設立の
日帰り入浴施設です
体に泡がいっぱいくっつく
炭酸泉のお風呂が人気です
ココ
しかし私たち的な目玉は飲泉
いざ!
せーのっ
エヘヘヘ……
フフフ……
ゴクリ
ザ……
〜〜〜〜〜〜
お…いしく
な…い……
鉄の味……
美味しさと効能は必ずしも一致しない
それが飲泉
やばい
飛行機に
乗り遅れる!!
もう一回
白泉鉱泉に
戻ってえええ
帰れなくなるよっ
それでもいいよ〜〜

第九章 おしまい

オリジナルの浴衣

column 9

各地のお宿で「色浴衣を選べるサービス」なるものが取り入れられてから久しい。華やかで、若い女性には人気があると聞くが、全く食指が動かない私たちだ。たぶん、選べる色浴衣には、私たちが温泉浴衣に望むことが大きく欠落していることが原因だと思われる。

かつての日本には、浴衣による広告というものがたくさんあった。商店街で揃いを作ったり、キャンペーンで着たり、会社の中で盆踊りの連を作るようなことさえあった。

それは、共同体の結束を固め、集団で着ることで、外へのアピールにもなった。今であれば、さしずめTシャツが担っている役割を、浴衣が果たしていたのである。

どんな衣類の上からでも着られることを考えれば、半被《はっぴ》や前掛けのほうが機能的ではあるかもしれないが、浴衣は、それ1枚で完結する点において完成度が高い。

しかも、浴衣の柄は全方位である。1枚纏《まと》えば、あっという間に歩く広告塔へと人は化すのである。

当然、温泉浴衣にも上記の様な性質がある。宿から出て街を歩けば、自分と同じ浴衣を着ている知らない人に、ほのかな仲間意識を覚えてお辞儀をし合ったり、大勢の人が別のどこかの宿の浴衣を着ていれば、人気のある旅館なのかしら？と検索してみたい気持ちにもなる。

それぞれの浴衣から滲み出るものは、お宿の性質や特徴だけにとどまらず、その土地に由来することであったり、人の思いであったりもする。それらを想像し読み解きながら着ることは、私たちにとっては、旅の楽しみの1つなのだ。

日本が誇る秤メーカー「田中衡機工業所」では、今も毎年、社員が揃いの浴衣を着て地元燕三条の盆踊り大会に出場している。もちろん秤柄の浴衣である。小倉充子氏(P49参照)によるデザインで、数年に一度新作が作られており、数種類の秤浴衣が存在する。なんだか楽しそうで、この会社に勤めてみたい気持ちになってしまう。

正直なところ、オリジナルの浴衣には、ヘンテコなものや、何故!? と首を傾げたくなるデザインがたくさんある（本当にたくさん……）。
　しかし、そのヘンテコさや、行き過ぎた熱意や勢いのようなものが、デザインの良し悪しを超えて訴えかけて来ることがあるのを見逃してはならない。
　オリジナルデザインに表われる「奔放な意志」を、私たちはこよなく愛している。■

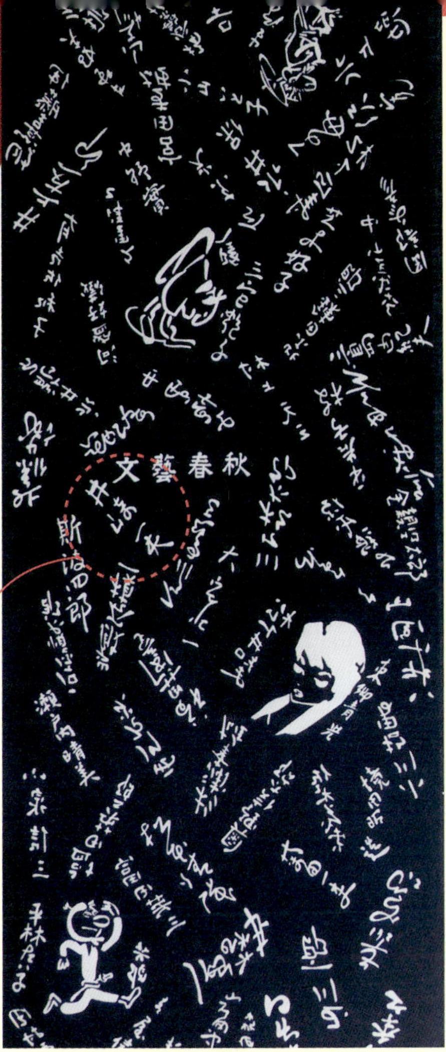

★昭和28年（1953）から昭和53年（1978）まで、雑誌『文藝春秋』による愛読者大会での「文士劇」の最後に、観客に撒かれた手ぬぐいとして類似のものが毎年作られていたとの記録がある（参考『輝ける文士たち―文藝春秋写真館』文藝春秋刊）。但し、この反物は、手ぬぐい生地より厚手の浴衣生地であるので、抽選で読者に当たる3等商品「文藝春秋特製の品」であったのではないか？ との推測。ちなみに1等は、車やピアノなど、2等は賞金5000円。いい時代だ。

捜索中の井崎一夫氏の名前を反物の中に発見し、小躍りした。

P27参照

「銘醸機械」政治家を動物になぞらえた似顔絵は、近藤日出造氏によるもの。

★「サンデー毎日」図案として横山泰三「プーサン」、加藤芳郎「オンボロ人生」、長谷川町子「エプロンおばさん」と思しきイラストが使われているため、3つの連載が重なる昭和32年(1957)～35年(1960)頃に作られたと考えられる。「プーサン」のイラストは昭和32年11月7日号の6コマ漫画からのものであることも確認出来た。

「日産」ダッドサン、オースチン、ジュニアなどの車種名から昭和31年(1956)～35年(1960)頃に作られたものと推測される。

★大蔵省専売局時代(明治37年(1904)～昭和24年(1949))の煙草の銘柄がちりばめられている。マークは専売局のものではないので、小売店、あるいは引き札(広告用チラシ)などの制作もしていた煙草元売捌人(専売局下での煙草問屋)によって作られた可能性もある。ただし、浴衣としては戦後のものであり、広告としての役割よりも、愛好家に向けた浴衣であるのかもしれない。いろいろと謎の多い浴衣である。

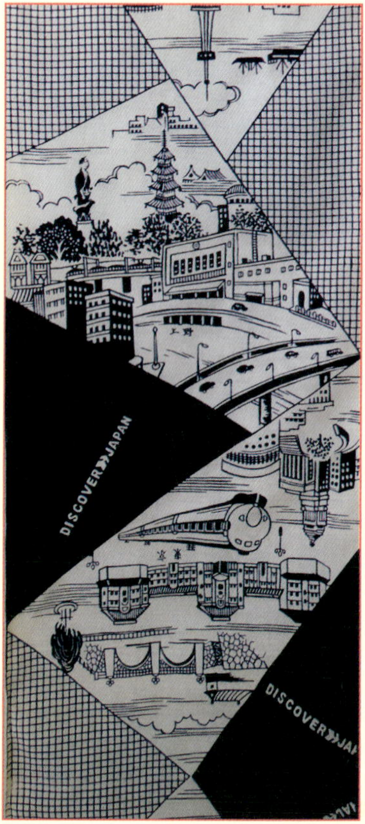

★「国鉄」のキャンペーン「DISCOVER JAPAN」は昭和45年(1970)～51年(1976)頃。

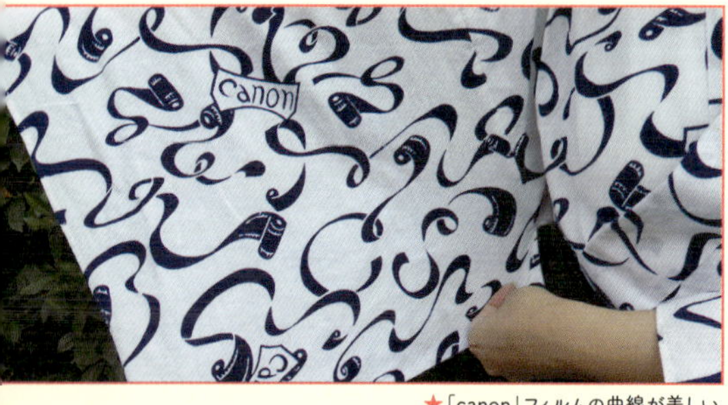

★「canon」フィルムの曲線が美しい。

★「sanraku」現存する旅館かどうかを確定出来ないが、古い観光旅館の浴衣と思われる。卓球からチークダンスまで、お宿の楽しみ方はいろいろ。

★「写真のシミズ」写真屋さんの販促用に作られた手ぬぐい地を浴衣に仕立てたもの。昭和30年(1955)～46年(1971)に千葉県にあった町名が見られる。

★「東レ」「岐阜メード秋の祭典」。見本市で着られたものだろうか?

★「Japan setter club」セッターとは、鳥猟に用いられる猟犬のこと。

※このページに掲載した写真の多くは、企業や団体で作られた浴衣です。
★印は「布と玩具LUNCO」さんから撮影用に提供して頂きました。

布と玩具LUNCO

ADRESS……東京都豊島区目白3-14-8・1F　TEL……03-3954-3755　http://www.lunco.net/index.html

「ご当地文豪
飲泉カップ」とか
あったら
コレクション
しちゃうよねー
どちらかというと
虚弱そうな
文豪が
いいわね！
子規より
漱石が欲しいわっ

第十章　高峰《たかみね》温泉　長野県

旅のおやつ　その⑩
ティーサロン寿徳《じゅとく》の「小倉クリームトースト」
生クリームがものすごく軽くてミルキーでびっくりしました!!
マスターにうかがってみたところ注文が入ってから手動で泡立てているとのこと
しかも、パフェ用とトースト用のクリームは硬さを変えている
よーく見るとトーストの側面に切れ込みが入っていてあんとクリームとトーストの硬さが完璧に調和するよう配慮されているのです!!
なんじゃこりゃー!!
出来たてはこれほどちがうの!?
もはや「生クリーム道《どう》」と言っても過言ではないこだわり
要するにおいしい!!
ティーサロン寿徳：長野県小諸市相生町1-3-1

この本には
雪景色が
足りない……
行くか！
JR
小諸駅
KOMORO STATION
小諸
もう3月だし
雪、見られるかなあ

雪あるね
どんどん降るね
バス動かなくなったね……
私たち遭難しかけてない？
『乗り換えてください』

ここからは
雪上車だよ
あさま にせん すきーじょう
アサマ2000スキー場
ASAMA 2000 SUKI～JYOU
JRバス関東
高峰温泉
MJ-75
高峰温泉

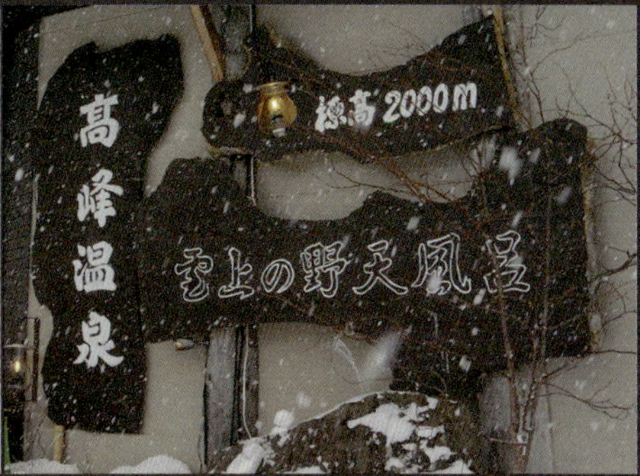

急げ
雪で野天風呂が
閉鎖されちゃう

標高2000m
雲上の
露天風呂
ああ
ごくらく
ごくらく

沖縄に
旅行中の
充子さんや小春さんから
写真が送られてきたよ
向こうは夏みたい
日本って
まだまだ
広いよね
さあ
次はどこ行こう?
Fin

column 10

奈良県

浴衣で始まる冒険

信《し》貴《ぎ》山《さん》観《かん》光《こう》ホテル

この張子の虎浴衣に
会いに来たのです。

ある時、広島の実家から東京へ戻る途中に、大阪の喫茶店でうにさと待ち合わせをした。関西方面にも会いに行きたい浴衣はたくさんあって、どこに行くべきか決められないままの当日だった。喫茶店のモーニングに噛り付きながら、スマホでシェアカーの予約をし、浴衣の柄だけを頼りに実に雑な日帰り旅行計画を組んだのである。

目指すは、奈良の「信貴山観光ホテル」にある「張子の虎柄浴衣」と決定。ご存知の方もおられるやもしれぬが、私とうにさは張子の虎を集めている。浴衣の柄にあるならば、その虎も是非とも捕獲しておかねばなるまい。

正直なところ、浴衣の柄以外には多くを期待していない旅であったが、腹ごしらえにホテルで黒

全長6m張子の「世界一の福寅」は、なんと電動で首を振るらしい。

信貴山で最古と言われている「笑寅」。

ADRESS……奈良県生駒郡三郷町信貴山西2-40 TEL……0745-72-4801 https://www.shigisan.co.jp/

column...10

境内のいたるところにトラ・寅・虎。

ホテル内の食事処「おはし」で頂ける黒米素麺。

米素麺なるものを見つけたあたりから、風向きは変わって来た。なにやら未知との出会いの気配がするぞ……。フロントに向かい、入浴と浴衣の撮影をお願いしたところ、ホテルの方が親切に対応して下さった。

「浴衣、最近新しくなったんですよ」出された浴衣を見て、たじろぐ私たち。下調べをしていた浴衣とは柄が違っていたのだ。

「古いほうの柄も、もちろん使っていますよ」そう、言って差し出されたもう1枚の浴衣には、会いたかった虎の張子が描かれていた。

川沿いに立つホテルのお風呂からの眺望は良く、朝護孫子寺《ちょうごそんじ》に向かう紅い橋の上を歩く人達の表情が窺えるほどであった。

湯上りに朝護孫子寺を参拝がてら散歩し、節分前のことであったので、厄払いの護摩焚きを「スタジオクゥ」でお願いしたところ、社務所のお姉さんから声を掛けられた。

「クゥさんって言うの？　あらまぁ。この山にはね、空《クウ》鉢護法堂っていう一願成就の神様がいらっしゃる場所があるのよ。ここには宿坊もあるから、今度は是非ゆっくりいらしてね。そう……クゥさんなのね……」

浴衣の柄が好きだというだけで旅に出ても、行けばそこには何かが見つかるものだ。2枚目の浴衣も空鉢護法堂も黒米素麺も、筋書きに無いからこそ嬉しいのである。■

ホテルから朝護孫子寺に向かう紅い橋。

2枚目の浴衣。

番外編　井崎一夫をめぐる旅

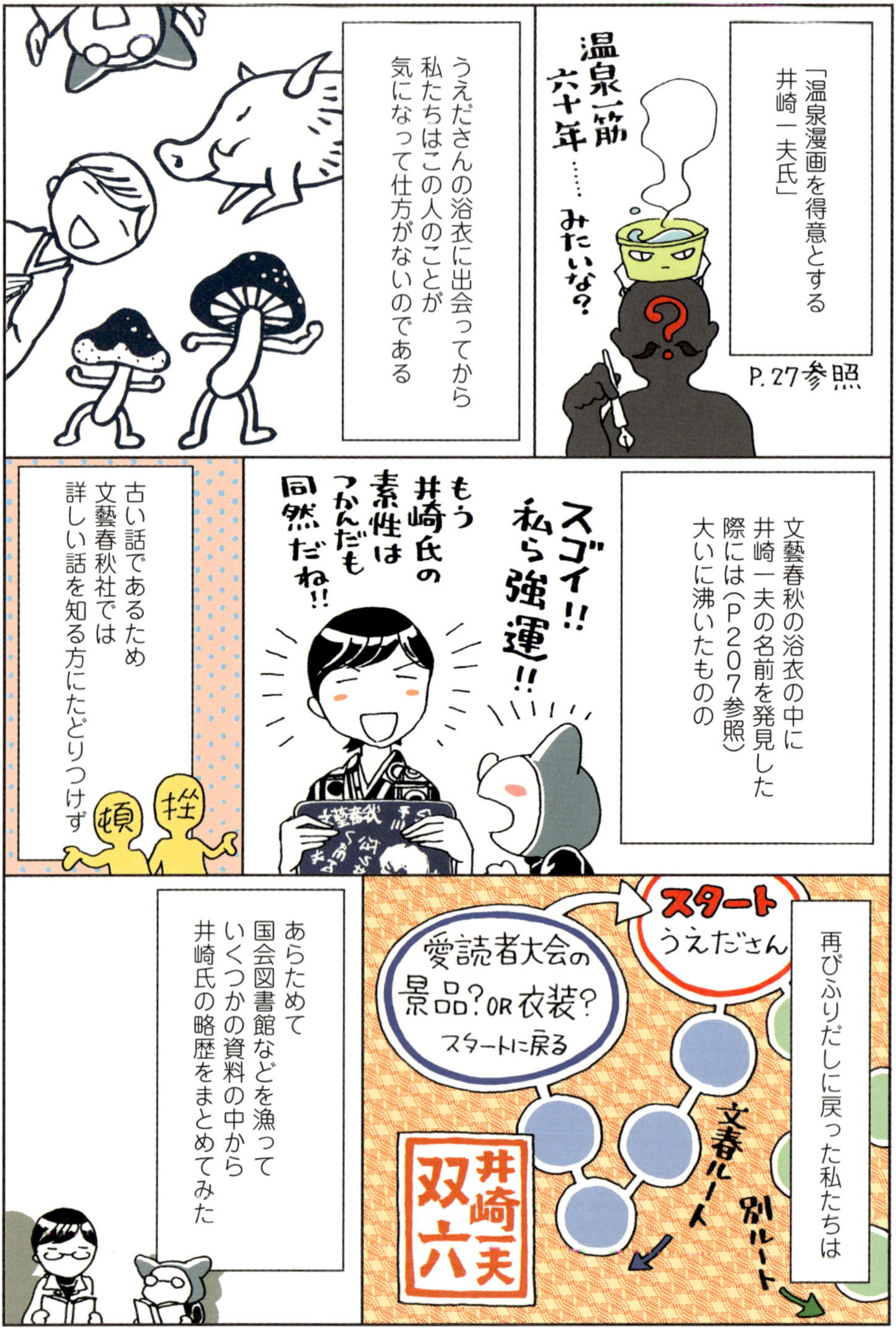
「温泉漫画を得意とする
井崎一夫氏」
温泉一筋六十年……みたいな?
P.27参照
うえださんの浴衣に出会ってから
私たちはこの人のことが
気になって仕方がないのである
文藝春秋の浴衣の中に
井崎一夫の名前を発見した
際には(P207参照)
大いに沸いたものの
スゴイ!! 私ら強運!!
もう井崎氏の素性はつかんだも同然だね!!
古い話であるため
文藝春秋社では
詳しい話を知る方にたどりつけず
挫
頓
再びふりだしに戻った私たちは
スタート
うえださん
愛読者大会の景品? OR 衣装?
スタートに戻る
文春ルート
別ルート
井崎一夫双六
あらためて
国会図書館などを漁って
いくつかの資料の中から
井崎氏の略歴をまとめてみた

● 1915（大正4）年　3月20日北海道苫小牧生まれ

● 1933（昭和8）年　北海タイムス新聞社の児童欄絵画部員として入社

● 1934（昭和9）年　漫画家になるため東京へ北澤楽天門下「三光漫画スタジオ」のメンバーとなる

● 1945（昭和20）年　「漫画集団」のメンバーとなる

● 1953（昭和28）年　この頃を境に執筆媒体が子ども向けから大人向けに移行

● 1958（昭和33）年　日本温泉協会発行の「温泉」に「温泉協会推薦紳士ブラリ氏」「温泉ツーさん」などの漫画を連載

● 1981（昭和56）年から1985（昭和60）年までタウン誌「とうよこ沿線」に表紙絵を連載

● 2002（平成14）年　6月30日心筋梗塞のため死去

単行本は少ないのですが
「ビルマといふ國《くに》」「少年新聞記者ピカイチ君」「温泉ツーさん」など
古本を探すことにした！
寄稿した媒体は
「少女クラブ」「少年読物」など子ども向けの雑誌と
「実業の日本」「文藝春秋」「新潮」「平凡」「週刊サンケイ」など大人向け雑誌多数
戦前から昭和を通して活躍された漫画家さんなんだね
子どもの頃には歌舞音曲を習い
一時は活動写真の楽師をしていたこともあるんだって
ズズッ
資料の中で、とりわけ私たちの目を惹いたのが雑誌「温泉」に井崎氏が寄稿したエッセイでした

「箱根カンスイ楼で、
われわれ漫画集団が
忘年会を開いてから、
もうかれこれ十年になる。
今では箱根名物のひとつにも
かぞえられるほどの
盛大な行事になったが、
そもそもカンスイさんと
近づきになった動機というのが、
あのオヤジとわれわれ漫画家の
喧嘩がモトなのだから、
事実は小説よりオモシロイ。」
日本温泉協会発行「温泉」
1957年9月号に掲載
「温泉と漫画家」より
うぇーーい
酔っぱらって
他の部屋の客をのぞいてまわったり
部屋で小便をして下の階に垂らしたりして
ご主人にめっちゃ怒られる。
しかし翌年和解。
お互いに男惚れして。
以降は毎年忘年会をやるようになる。
「漫画集団」
「カンスイ楼」
調べてみるか!
漫画集団については
多くの資料が見つかりました
昭和漫画史の中には
必ずと言っていいほど登場します
戦後漫画界の
メインストリームといえるのね
「大人漫画」「ナンセンス漫画」
というジャンル
後年漫画集団のメンバーと
なった手塚治虫は

「かつて昭和初期に
日本漫画会という
ベテラン・グループがあって
そのメンバーが
朝日、毎日、読売三紙や
代表雑誌の漫画スペースを
占めていたため
若手の漫画集団が団結して
その発表機関奪取に
気炎をあげた。
それが漫画集団の
前身だったのだ。」
「手塚治虫漫画全集別巻
手塚治虫エッセイ集」
講談社より
岡本一平
北澤楽天など
当時の重鎮
若い団体
漫画集団の前身っていうのが1932年（昭和7年）に結成された「新漫画派集団」なんだね
創設メンバーは杉浦幸雄《すぎうらゆきお》、近藤日出造《こんどうひでぞう》、横山隆一《よこやまりゅういち》……
近藤日出造!?
ええっ
私が持ってる「銘醸機械」の浴衣のハギレのイラスト!!
P.207参照
漫画集団になってから加入してる「小野佐世男《おのさせお》」ってどこかで聞いたような……
撮影用に借りた浴衣の中に佐世男さんのデザインのものがあるよ!?
んー?
あわ あわ
ありました。

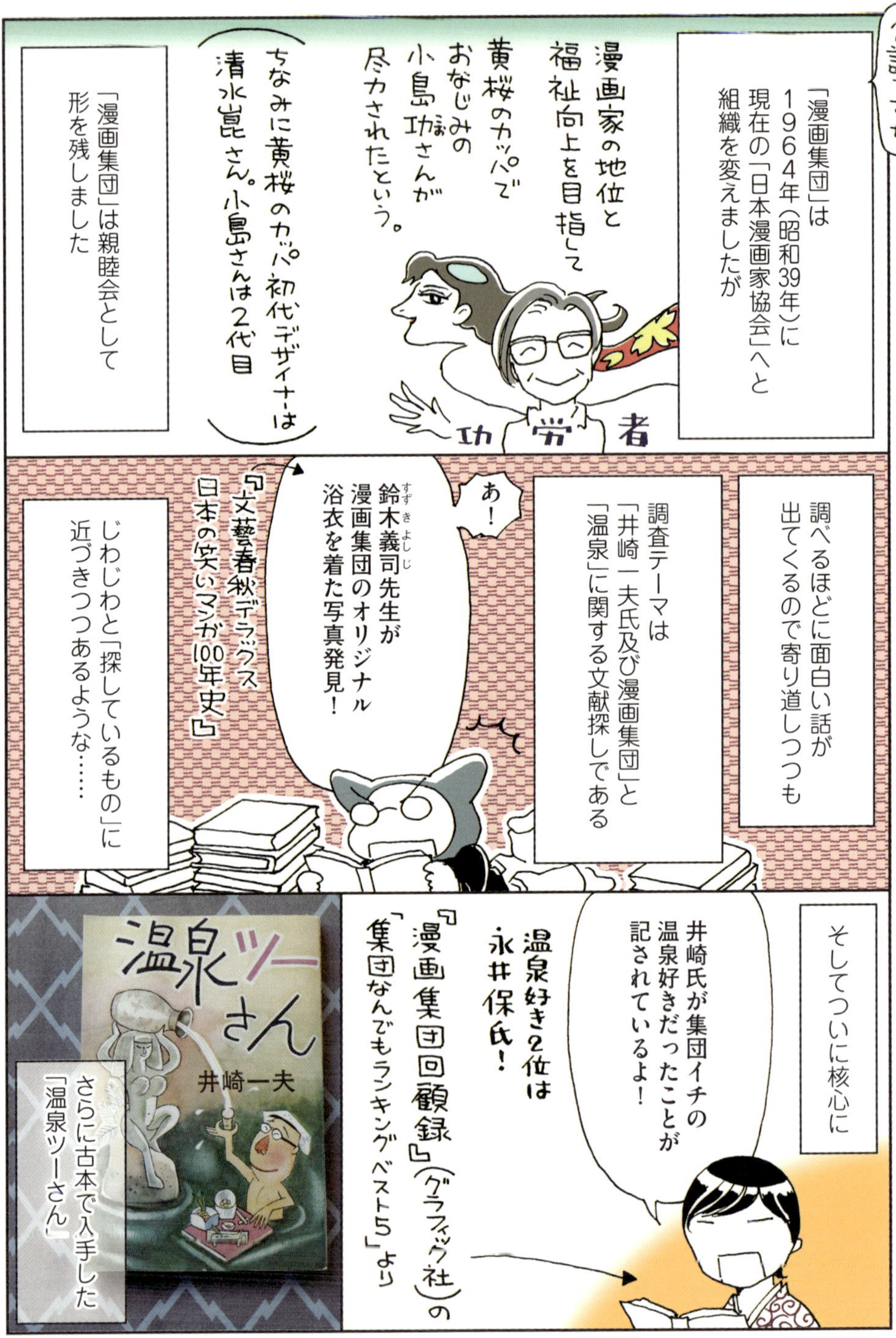
余談ですが
「漫画集団」は1964年（昭和39年）に現在の「日本漫画家協会」へと組織を変えましたが
漫画家の地位と福祉向上を目指して黄桜のカッパでおなじみの小島功さんが尽力されたという。
功労者
（ちなみに黄桜のカッパ初代デザイナーは清水崑さん。小島さんは2代目）
「漫画集団」は親睦会として形を残しました
調べるほどに面白い話が出てくるので寄り道しつつも
調査テーマは「井崎一夫氏及び漫画集団」と「温泉」に関する文献探しである
あ！
鈴木義司《すずきよしじ》先生が漫画集団のオリジナル浴衣を着た写真発見！
『文藝春秋デラックス日本の笑いマンガ100年史』
じわじわと「探しているもの」に近づきつつあるような……
そしてついに核心に
井崎氏が集団イチの温泉好きだったことが記されているよ！
温泉好き2位は永井保氏！
『漫画集団回顧録』（グラフィック社）の「集団なんでもランキングベスト5」より
温泉ツーさん
井崎一夫
さらに古本で入手した「温泉ツーさん」

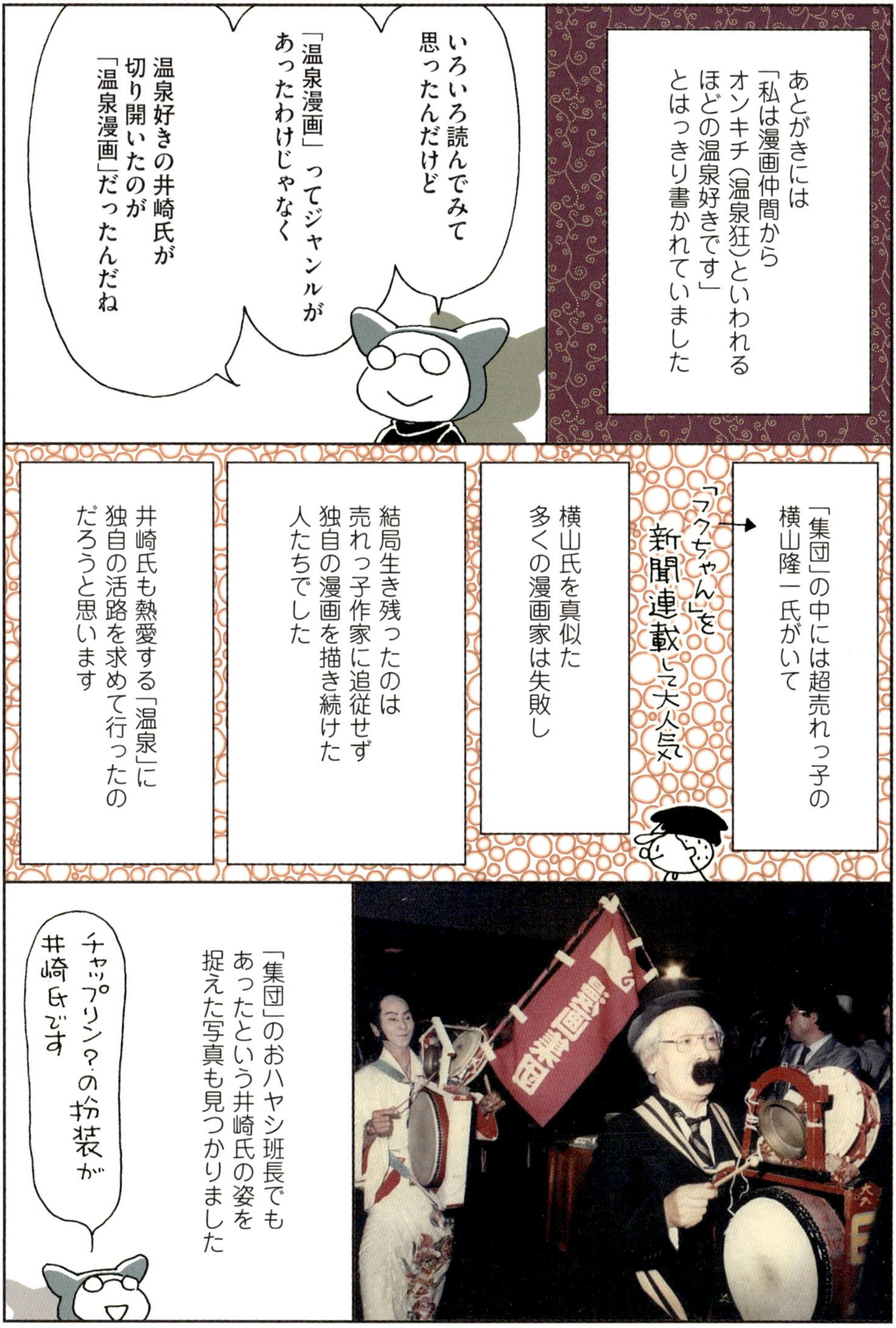
あとがきには
「私は漫画仲間から
オンキチ（温泉狂）といわれる
ほどの温泉好きです」
とはっきり書かれていました
いろいろ読んでみて思ったんだけど
「温泉漫画」ってジャンルがあったわけじゃなく
温泉好きの井崎氏が切り開いたのが「温泉漫画」だったんだね
「集団」の中には超売れっ子の横山隆一氏がいて
「フクちゃん」を新聞連載して大人気
横山氏を真似た多くの漫画家は失敗し
結局生き残ったのは売れっ子作家に追従せず独自の漫画を描き続けた人たちでした
井崎氏も熱愛する「温泉」に独自の活路を求めて行ったのだろうと思います
漫画集団
「集団」のおハヤシ班長でもあったという井崎氏の姿を捉えた写真も見つかりました
チャップリン？の扮装が井崎氏です

沿線誌『とうよこ沿線』元編集発行人　岩田忠利氏の回顧録
「漫画家との破天荒なお付き合い」より写真提供。

しかし……
「漫画集団」のメンバーってかなり気さくに出かけた先で絵を残してるね
うえださんに残っていた絵もそんな中の１枚なんだねえ
ブツブツ
自分たちは絵が上手いからいいだろうけどさー
困った習慣を残してくれたものだわ……
急な色紙描きが苦手。
私どうも温泉好き２位の「永井保《ながいたもつ》さん」のサインに見覚えがあるんだよなぁ…
何か気になる
『漫画昭和史・漫画集団の50年』河出書房新社
「井崎氏温泉漫画問題」にひとまず決着をつけたものの
「まだ何か出てきそうな予感」に抗えない私たち
それにしても…
漫画集団の代名詞みたいに
いろんなところに「恒例の環翠楼《かんすいろう》での忘年会」
って書いてあるんだよね
気になるわー
いろいろ気になるわー
数日後
うにさーッ
ダダダダ
うにさっ
箱根に行くよっ
面白いものが残ってるらしいの！
えっ……
プォー
小田急ロマンスカー
箱根湯本からバスで5分ほど

小松左京の「日本沈没」が映画化された1973年頃の忘年会で持ち込まれた衣装や小道具と思われる。楽しそう。

ステンドグラス　厨房用のリフト　モダンな建具

そしていよいよ本題！
BAR MANGA
BAR MANGAの名付け親は小島功《こじまこう》さんです
入り口のドアにある文字は横山隆一さんの直筆なんですよ
ヒゲとボイン＆フクちゃんキターかっこいい!!
文字がすてき!!
名前もいい!!
40年くらい前に（昭和50年代？）大正時代からあったプールバーを改装したとのこと
漫画集団の痕跡が今も箱根のお宿には残っていて
彼らのにぎやかな話し声が聞こえて来るようでした
今は私の手が空いている時だけバーテンをやってます
忙しくてなかなか……

※不定期オープンなのでご注意下さい！

集団メンバーの永井保さんとは番頭さんが長年お手紙のやりとりをさせて頂いていたんですよ
宴会は宿についてからにすること
館内には永井保さんの絵がたくさん飾られていました
夜更けにおよんで乱痴気さわぎをせぬこと
間違いない！
私 永井保さんの絵を他の温泉地でも見てる
うわー この柄の温泉浴衣があったらいいのに!!
のんべえへのいましめだねー
「温泉浴衣をめぐる旅」で昭和の漫画家さんのことをこんなに調べることになるとは………
まったく予想していなかった面白くて変な旅のきっかけをくれた井崎一夫氏に感謝！
「温泉色紙をめぐる旅」に出るのもいいねー
帰ったら「永井保フォルダ」作らなくちゃ

おしまい

温泉せんべい座談会

2016年5月31日　スタジオクゥ居室にて

うにさ

ひよさ

スタジオクゥ

マナベヨウコ

お菓子好きが高じて、選んだ仕事もお菓子のパッケージデザイナー。菓子メーカーを経て、現在はフリーで活動中。「美味しい和菓子を食べてる時が一番幸せ」。

柳家小春

名人柳家紫朝に師事し、江戸音曲の端唄、俗曲、新内節などを中心に国内外で活躍。
近年は、さまざまなジャンルのアーティストとのコラボレーションも多い。
イラストレーター「イソノヨウコ」としての顔も持つ。

食べ比べする　温泉・鉱泉煎餅一覧

川邊光栄堂「**鉱泉煎餅**」（箱根宮ノ下）

城崎温泉みなとや「**城崎温泉煎餅**」（城崎温泉）

御菓子司松屋「**鉱泉煎餅**」（栃木）

雲仙湯せんぺい遠江屋本舗「**湯せんぺい**」「**純一枚手焼き雲仙湯せんぺい**」（雲仙温泉）

三宅商店「**湯せんぺい**」（小浜温泉）

元祖三津森本舗「**炭酸煎餅**（自動機焼き）」「**有馬名産手焼き炭酸煎餅**」（有馬温泉）

有馬せんべい本舗「**有馬の炭酸泉せんべい**」（有馬温泉）

有限会社ななくり「**ななくりせんべい**」（榊原温泉）

日の出屋製菓「**湯の花せんべい**」（湯の山温泉）

御菓子処名月堂「**磯部せんべい**」（磯部温泉）

大手製菓「**磯部せんべい**」（磯部温泉）

初谷温泉「**初谷鉱泉せんべい**」（荒船佐久高原）

荒神せんべい宝玉堂「**炭酸煎餅**」（宝塚温泉）

いづみや本舗泉寿庵「**炭酸せんべい**」&「**クリームタンサン**」（宝塚温泉）

発言者表記
ひよさ→ひ／うにさ→う
マナベヨウコ→マ／柳家小春→春

座談会開始！

ひ　本日は、温泉せんべい食べ比べの会でございます。ゲストに、全国を演奏で巡りながら食のチャレンジにも抜かりない柳家小春師匠と、私たちのおやつ師匠マナベヨウコさんをお迎えしました。

う　いわゆる温泉地のお土産ものとしての「温泉煎餅」「炭酸煎餅」の他に「鉱泉煎餅」もご用意してみました。

◀◀◀ Let's Go!!!!

勝手に"推し煎"ベスト3！

oshisen Best3

1位

御菓子司松屋

「鉱泉煎餅」

（栃木）

マ 香ばしさと焦げっぽさが絶妙。間違いなくの一番。 春 強く美しい存在感。「滋養」の文字も好き。 ひ 煎餅として逸品。松の模様の包装紙も素敵で、ご贈答に使いたい。 う 風格があって、胃腸病に効くというコピーも信頼できそうな佇まい。

2位

有限会社ななくり

「ななくりせんべい」

（榊原温泉）

マ クセがなくて上品でバランスがいい。メタリックな缶のデザインもgood。 春 クリスピーで歯ごたえがいい！ 何枚でも食べられる。 ひ 薄さと軽さが温泉煎餅にふさわしい。 う 三重出身なのに清少納言ゆかりの榊原温泉を甘く見てました。（笑）

パッケージいろいろ

元祖三津森本舗「炭酸煎餅（自動機焼き）」。

城崎温泉みなとや「城崎温泉煎餅」（城崎温泉）。

初谷温泉「初谷鉱泉煎餅」（荒船佐久高原）。

有馬せんべい本舗

同率 3位

「有馬の炭酸泉せんべい」

（有馬温泉）

マ 食べ比べしてみて、改めて有馬せんべいのすごさを感じた。　春 湿気に強い安定感。

川邊光栄堂

同率 3位

「鉱泉煎餅」

（箱根／宮ノ下）

マ ぽーんとしたでかさと厚焼きに感激。インパクトがある。　ひ シンプルな缶に美麗な掛け紙。クッキーっぽい食感も他にはみられない。

川邊光栄堂「鉱泉煎餅」パッケージクローズアップ

掛け紙にこびとっぽいものが……。

マ お湯沸かしている？　う 湯あたりした人？
春 トイレに入ってるような？　ひ 特殊な入浴法？

三宅商店「湯せんぺい」（小浜温泉）。

①：雲仙湯せんぺい遠江屋本舗「湯せんぺい」。
②：「純一枚手焼き雲仙湯せんぺい」（雲仙温泉）。

日の出屋製菓「湯の花せんべい」（湯の山温泉）。

箱根

美しいビジュアル

「川邊光栄堂」

マ じゃあ早速、川邊光栄堂からいってみようかな（シャクシャク）。

ひ 見かけちょっとクッキーかなっ？てくらいの厚さだね。

マ すんごい美味しい。1枚目にして。

う ちょっと「お麩感」みたいな……なんだろうこれ。

ひ 白玉粉が入ってたらもっとテリがあるかと思ったら、マットだね。

う テリはあんまり出ないんじゃない？サクサク感なのでは？

春 ちょっと粉っぽい匂いがする。

う お麩っぽい匂いじゃなくて？

ひ お麩とは違うなぁ……。

城崎

レースのような薄さ

「みなとや」

裏と表

ひ 比較として城崎のみなとやさんも食べてみよう（パリパリ）。

春 みなとやさん、薄さがすごーい。まるでレースのよう（ポリポリ）。

ひ ごま油かなんか入っているね。

マ ごま油入りの玉子焼きの、端っこのチリチリのとこみたい。

一同 ふふふふっ。

春 食感だけじゃなく、味もずいぶん違いますね（ポリポリ）。

マ 何を求めるか、ですね。自分が。

う しょっぱなから両方レベルが高いね。

栃木

貫禄の佇まい

「御菓子司　松屋」

マ 次、松屋さんいってみようかな。

春 ああ！これはまた。

マ ん、美味しい！軽い！

春 歯ごたえが。

う おおー、ぬおお。

ひ 焦げの匂いがたまらない！

春 香ばしいですよね。

マ これ食べると、さっきの川邊光栄堂はやっぱりクッキーっぽいよね。どっちも美味しいけど。

う 油気はないのに、川邊は何がクッキーっぽいんだろう、厚み？

マ 粉の感じとか、あの、焼いた感じとか。

う 表現として、どれも「香ばしい」になっちゃうなあ。

マ 基本「香ばしい」なんだよね。（笑）

う うーん、松屋にも何かしら、お麩のような匂いが……。

春 それは、マイナスポイントって感じなの？

う ううん、好きな感じ。

滋養！

雲仙系

〝お土産感〟抜群。

「遠江屋本舗」&「三宅商店」

ひ 湯せんぺいいこう。

マ 遠江屋本舗（雲仙）は手焼きと、機械焼き2種ね。

春 うんうん。

ひ 三宅商店（小浜温泉）も入れて、雲仙近郊の3種類。

マ わ、また、全然違うものが来たんだけど！フワフワだわ。

春 何これ。
ひ・春 ははははっ〜。（笑）
う はははって……？
春 口の中で溶けるような。
ひ これはほんとにお麩みたい。
う え？ お麩来た??
春 手焼きは、さらに溶ける。さらにほろっと。
う 口に入れた瞬間に何か香るね？……ホヤみたいな？
ひ え？ 今度はホヤ??
マ ああ……何か海っぽい感じはするね。
う ナマコかホヤに近いような香りが、うっすらと
春 あ、三宅商店のも食感は似てるけど、比べると味が遠江屋とは違いますね。
う 三宅商店のほうが、若干もたっとしてる、遠江屋より。
マ うん。傾向一緒なんだけどね。
う 私、遠江屋の機械焼きと手焼きの区別がほとんどつかない。みんな区別つく？
マ 手焼きのほうが、軽いっていうか、空気がいっぱい入ってる感じがする。
マ このフレーク状のも、遠江屋でしたっけ？
ひ そう。サービスで付けてくれたの。焼きがよく入ってるから、落とした羽根のところのほうが好きって言う人もいるんだって。
マ やっぱ薄いぶん感じが違うよね。香ばしくてこれが好きっていうのもわかる。
春 シリアルみたい。香ばしくてパリっとしてる。別の感じですね。
ひ なんか、フレークになってるほうが甘さを感じない。
春 「YUSEMPEI」って、裏の柄も一緒なんですね。
ひ お店によって、MのとことNのとこがあるらしいよ（YUSEMPEIとYUSENPEI）。
春 へ――。
う 他エリアのとは差があるよね。雲仙エリア独特の味と形だねぇ。
ひ ちょっとこう、文化が違う感じがするね。
春 これはこれで、決まってますね。
ひ あ、あれだ。炭酸煎餅っていうより「おいり」に近い感じ。
マ・春 おいり？
う 香川や徳島の祝い菓子で、丸くてカラフルな。ピンクや白や…かわいい鯉のえさみたいな……。（笑）
マ わかる気がする。

有馬

王道の炭酸煎餅「元祖三津森本舗」&「有馬せんべい本舗」

う 三津森本舗の手焼きと機械焼き、そして有馬せんべい本舗。
う まず、三津森行こうかな。
マ うーん、薄い。美味しい。有馬って感じ（愛媛出身）。
ひ 子どもの頃から食べてたのはこの味かも。この表面がつるっとした感じ（広島出身）。
春 懐かしい感じ（東京出身）。
う わかりにくいけど、機械のほうがやや堅い？
春 はい、機械のほうが堅い感じします（ポリッポリッ）。
ひ 手焼きのほうが、つるつる度が高いのは、ハッキリわかる。
春 特に裏が、ぴかぴかしてる（うっとり）。
う なんでだろう？
マ 不思議ね。
う 焼きが高温、とかかな？

遠江屋本舗 純一枚手焼き。

遠江屋本舗 雲仙湯せんぺい（表）。

遠江屋本舗 雲仙湯せんぺい（裏）。

三宅商店 湯せんぺい。

遠江屋本舗（フレーク状のせんぺいの羽根）。

マ 圧力とか?

春 この、ツルっていう、

ひ ピカっていう、

マ これは、ひとつの特徴ですね!

う 厚さは薄いのに味が濃い気もするね。

マ 味、濃い。確かに。醤油とかを感じるくらい。

春 今まで食べたのは、これに比べると味薄めでしたよね。

春 もう1つの有馬せんべい本舗のほうは?

マ 三津森に比べると空気穴が全然多いね。

春 そうすね、気泡が多いすね。つるつる度が少ない。

う あ、ちょっと甘めな感じ……(シャクシャク)。

ひ 有馬せんべい本舗も、川邊で香ったのと似たような香りがする!

マ 私、有馬せんべい本舗好きだな。

う ど真ん中って感じがするね。

う これ食べてみると、むしろ先に食べた三津森のほうが、個性が強かった。

マ うん。三津森のが、しょっぱいし、みりんのような甘さもあるね。

一同 うんうん。

元祖三津森本舗
有馬名産手焼き
炭酸煎餅。

比較対象 スーパーの味

う ここで、袋入りのスーパーで売ってるやつも食べてみよう。

う あっ。あ——……。(笑)

マ 悶えてる。

ひ そんな、笑う感じなんだ。

う やっぱりその……、スーパーの、

マ スーパーの味になるんだね。

春 大量生産の味がしますね。

マ これだけ食べれば、美味しく食べられてたのに。

う 比べなきゃねえ、どうってこともないんだろうけど、比べちゃうと、ね。

三重 かわいい ダークホース 「ななくりせんべい」「湯の花せんべい」

マ 次、ななくりせんべい食べてみたいな。すごい興味あります。

う 三重の榊原温泉の煎餅です(三重出身)。パリパリパリシャクシャクシャク……。

ひ すごい、しゃくしゃく音がしてるねえ。

マ (じっくり味わって)美味しいね、これも(シャクシャク)。

春 歯応えが。クリスピー!(やはり食感が重要らしい)。

ひ これ音が違う!

マ うん。すごい食べてるのが心地良い!

う 塩気は少なめのような。

マ 押してこない良さがありますね。

う 次は湯の花せんべい。缶が可愛いだけに、不味かったら嫌だなあ。

マ これも三重ですよね?

う そう。湯の山温泉。

マ うん。有馬系(シャクシャク)。

春 なんか、こう卵……。卵なの?

ひ する。卵っぽい感じの匂いがする。

マ (成分表示を見ながら)でも、書いてないから、基本的に卵入ってないですね。

春 これは何なんですかね?

マ 植物油脂っていうのは入ってます。米粉とか米油とか。

う ちょっとしょっぱみもあるなあ。

う このホヤっぽい匂いは何だろう?

ひ 私たちが卵っぽいって言ってるやつじゃない?

マ ちょっと香る生臭み、だよね? 嫌なほどじゃないんだけど。

う 全然嫌じゃないんだけど。

マ 卵とも言えるし、ちょっと海産物とも言え

る。
う ふわっとした匂いが。
春 ふわっと、舌の上というか、このへん（鼻先に円を描く）。
ひ うん、このへん（同様に鼻先に円を）。
う 湯の花せんべいも、まあまあ味が強いのかな？ 有馬せんべい本舗と三津森の間くらいだね。

群馬
四角い革新派
「名月堂」&「大手製菓」

う 磯辺温泉は草津よりちょっと下のほうだね。
春 すごいシンプルなデザイン。
う 名月堂と大手製菓。
ひ びっくりした!! 何これ！
マ 全然違う系統になった！
ひ 粉の味が何か、突然何か……。
春 あ、全然違う。
マ なんかね、海苔とか入ってそう。
ひ うん、青海苔っぽい。
う 何だろう、穀類っぽい感じ。ゴマっぽさ？ きな粉っぽさ？（ポシポシポシ）。

大手製菓 いそべせんべい。

春 うん、ゴマっぽくもある。特に、名月堂の味が。
ひ 磯部せんべいって、本当に青海苔入りとかもあるみたいだよ。
ひ 工場内に青海苔入りのラインがあるせいだったりはしないよね……。
一同 いやいや、はははは ふふふふ。
う 名前に「磯」の字が入ってるから、心の目が曇って青海苔を感じるとか？
マ それはない。（笑）
う でも、しょっぱみ、というよりは甘いよね。
マ うーん。しょうゆ甘い、みたいな感じがする。
春 食感的には、他のと似てますけど。
う この変わった匂いを上手く言語化できない。
春 ちょっとなんか、おばあさんぽい感じというか……。
う そうそう、抵抗感の薄い感じというか。
ひ するする。
う 最初、しゃく、っといくんだけど、後はモフモフしてる。
春 そうそう。ただ軽い感じじゃなくて、後からね。

名月堂　磯辺せんべい。

マ 後味は強いんですよね。
う ただのお婆さんじゃないね。（笑）

長野
ついにホヤ感解決？
「初谷温泉鉱泉せんべい」

マ 次、これいこう。初谷温泉。
春 あ、これまた違う。これは何の味なんだろう？
マ 何か本当に温泉の匂いがするんだけど……。（笑）
ひ 硫黄の匂いがする！
マ そうそれ。硫黄って言葉を思い出そうとした。硫黄の味がする！
ひ ここは、パッケージに胃腸病に効くって書いてあった。
春 胃腸の名湯。あー、お湯が入ってるんだ。
春 それで、ちょっと硫黄の味。
マ すんごいするよ。
う えー、ホヤ感や卵感て、そういうこと??
マ ホヤと硫黄の匂いは繋がるでしょ。卵ももちろん。
ひ 初谷温泉は、今までの中で一番強いね。
マ うん、強い。も

う温泉そのものって感じ。
ひ 出来立てはもうちょっとパリっとしてるのかな？
マ けっこうすぐ湿気が来たね。（笑）
春 来てる。
ひ パッケージの絵には魅力があるんだけど、湿気には弱そうな包装だよね。
春 ちょっと、もうちょっといってみよう（ポリポリポリポリ）。
う やはり湿気問題は大事ですかね？
春 大事！（毅然とした態度で）。
マ あと、そもそもの焼き方が違うのかも。
う 確かに初谷は、色白だよね。
ひ 一軒宿らしいから、もしかしたらおばあちゃんとかがこうやってパッパッて作ってるのかも（身振り手振り）。
う 一軒宿で、旅館もやりつつ、
ひ そう、煎餅も焼いているとか？
春 焼いた後にも温泉の湯気が……。
ひ 焼いても焼いても……。
マ 景色が浮かぶね。（笑）
う どう、胃腸病に効く感じ？
ひ 胃腸病にはちょっと効きそうかも、他のよりも。湿気があるのも、消化には良さそうじゃない??
マ 今温泉に来た感じがするもん。
う 健康推しの煎餅だね。

荒神せんべい
宝玉堂 炭酸煎餅。

舶来菓子の風情

兵庫県
宝塚

「荒神せんべい宝玉堂」&「いづみや本舗泉寿庵」

ひ さあ、残るは宝塚。荒神せんべい宝玉堂と、いづみや本舗泉寿庵。いづみや本舗さんのほうはクリームがサンドされたものもご用意しました。
う まずは宝玉堂さん。
春 エイヨー♪（EIYO HOFUの刻印を見て）。
ひ 甘い匂い。
マ バニラっぽい匂いがするよね。
う もうひとまわり駄菓子よりかと思ってたけど。
ひ なんか洋菓子になったね、急に。
マ （成分表示を見て）マーガリンだ！
春 なるほど！
ひ ゴーフルと温泉煎餅の境目がこの辺にあるんだ。
マ 子どもとか好きそうだな、これ。
ひ なんかちょっとカラメル風な苦味もあって。

マ これはこれで美味しいよ。
う 食べ進めやすい。
ひ 温泉的な匂いはないね。
マ いづみや本舗のほうも食べてみよう。
ひ そっかー、やっぱり宝塚は。お煎餅って言っても洋風なんだなぁ……。
マ あ、でもこれはまた全然違うよ。有馬系ではあるけど。
春 うん、つるぱり。
ひ あ、これも違った匂いがするね。
マ 何か強い油脂分と……（成分表示を見て）ショートニング、塩！
ひ 塩気もあるけど、後味はけっこう甘いね。
う 有馬せんべい本舗と近いけど、いづみやのほうが華やかな感じ？
マ うん、有馬せんべい本舗のほうが素朴な感じ。
春 この薄さと硬さは好きです。
う 缶が宝塚のレヴューみたいな柄なのもいいよね。
春 ああ、ほんと。宝塚。
ひ 宝ジェンヌの写真付の缶もあるらしいよ。
春 宝塚のグッズ売り場で売っているんだ。
ひ 平たい缶で、大階段が写ってるやつとかも。（笑）
う お土産としてステキな缶と、日持ちのする煎餅。もらって嬉しいね。

いづみや本舗　御菓子所泉寿庵 クリームタンサンせんべい。

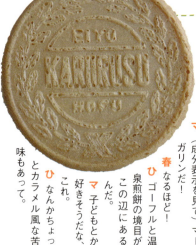

春（マナべさんのお皿を見て）ちゃんと残しているのがプロって感じですよね。私全部食べちゃってる。
ひ 効き酒のプロは飲まない、みたいな？
マ そういうわけでも……。（笑）
マ 最後はいづみや本舗さんのクリームサンドだね。
う さっきのクリーム無しのが赤缶で、クリーム入りは白缶。色違いの缶です。
う 厚手！ チョコクリームだ。
ひ 風月堂のゴーフルよりクリームが多い気がする。
春 なんかちょっと大人っぽい味。
マ 特別になんとか賞あげたい感じ（笑顔いっぱいに）。
ひ 何色か入ってる？
マ だってこんな缶だもんね、色がね（パッケージデザイナー目線）。
マ ん、ずっと茶色が出てくるぞ。
ひ 全部チョコ？
マ ふふふふ、バニラきました！
ひ 2色入りだね。
う まんべんなく入れておいたりはしないんだね。
春 最初にチョコ食べちゃってから。

クリーム味。　プレーン味。

ひ チョコ残しておきたかった、ってなりそう。（笑）
マ バニラも美味しい！ クリームが入ったほうが香ばしさが立つね。
ひ あれ？ プレーンのものと、煎餅が違うのかなあ？ 色が違うよね。
マ クリーム専用煎餅??
春 クリーム挟んでないのも食べてみたくなりますよね。（笑）

熟考の再試食

マ あー食べ直してみると、なんか、ちょっと感想が変わってくる……。
ひ 川邊、もう1回食べてみよう。
春 硫黄の感じしますね。
マ うん、温泉の匂いだね。
う これは箱根温泉の匂いなんだね、ホヤじゃなくて。
ひ 川邊食べた後に、続けて初谷食べるとどうだろう？（モグモグ）。
ひ あ、そんなにきつくない。
マ きつくない？
ひ さっきすごい匂うって思ったけど、川邊の後に食べると初谷の匂いが気にならない！
春 あ、湿気が……（みなとや）。
ひ 早い……。
春 ちょっと置いておくだけで。すごく薄いから。
う あっという間に。
春 これ、最初と違うもん。サクパリ感がもうなくなっちゃった。
う うん。湿気だ湿気だ。
春 こうなると、しばらく出しておいても、美味しいのはどれだろう？
ひ もしかしたら、有馬とかは湿気に強いのかも（パリパリ）。
う つるっとしたやつはやっぱり。
マ そのへんがね、安定の品質。
ひ 宝塚も、安定！

マ 私、けっこう有馬煎餅は素晴らしいんだっていうことがよくわかったよ。

ひ ある種の完成形だね。

重さ・厚み・直径などの計測もしてみた。
(スペースの都合で載せられなかった)

温泉の味

う 好みもあるんだけど、この「鉱泉感」とか「温泉感」とかをどう評価するかっていうのが、なかなか難しい。

ひ 最初、卵の匂いみたいな感じとか言ってたけど、途中から硫黄の匂いを確信したよね。(笑)

春 なんか粉っぽいようなとか、

ひ 一周して戻ってきたら、温泉の匂いだ、って。

う さらにもう二周くらいしたら、私の言うところのホヤっぽさにみんなも辿り着くかも。(笑)

ひ それはどうかな?

う わたし、ホヤっぽい匂いがしたやつをメモしてるんだけど。箱根川邊光栄堂、初谷温泉、三重の湯の花せんべい、それから雲仙の遠江屋本舗。

マ 実は有馬とかはあんまり匂いは無いんだよね。

ひ うんうん。

う あ、ちなみに松屋は温泉煎餅じゃないんだっけ?

ひ うん、松屋は正確には鉱泉煎餅。箱根の川邊光栄堂も初谷温泉のも鉱泉煎餅。

ひ 炭酸煎餅、温泉煎餅、湯の花煎餅、湯せんぺい、カルルス煎餅と、呼び名としては色々だね。

う カルルス?

ひ 炭酸煎餅は、チェコの温泉地カルロヴィ・ヴァリから伝わったという説があって、そのドイツ語名の「カルルスバード」から、カルルス煎餅という呼び名もあるみたいだよ。

う 温泉や鉱泉が入ってるって明記してあるところも、無いところもある。

ひ お湯にクセのある温泉で作ると、クセのある味になるのかもしれないよ。

マ うん、そうだね。そんなに特徴があるところばっかりとは限らないよね。

ひ あー、そうだよ、磯部せんべいも変わった匂いがしたじゃない。

う 青海苔やゴマを感じさせる温泉があるのかも。

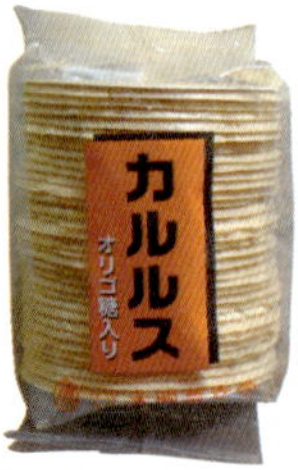
カルルス
オリゴ糖入り

ひ あ、小春さんが湿気対策を!(小春の手元を見て)。

マ もう1ミリも空気を入れないように。(笑)

う 珈琲が飲みたいんだけど、今この部屋に持って来られないね。湯気が。

ひ そもそも、お腹がまだふくれてて飲めないよ……。松屋や初谷温泉のお煎餅を食べたら消化がさ——っと進むとか、ないのかね?

春 なんか、胃腸にいいはずなのに。えへへへ。

う 食いすぎたらね、どれもダメだよ。

マ そう、食いすぎたらどれもダメ。(笑)

おしまい

後日、チェコ在住の知人から、チェコの温泉煎餅を送ってもらい、再度試食に集結したのはもちろんのこと、スタジオクゥの温泉せんべい探しは、今も続いている。

チェコの温泉煎餅は、日本のものよりかなり大きくて薄い。レリーフに温泉が描かれているのが美しい。

対談後に採取したせんべいたち

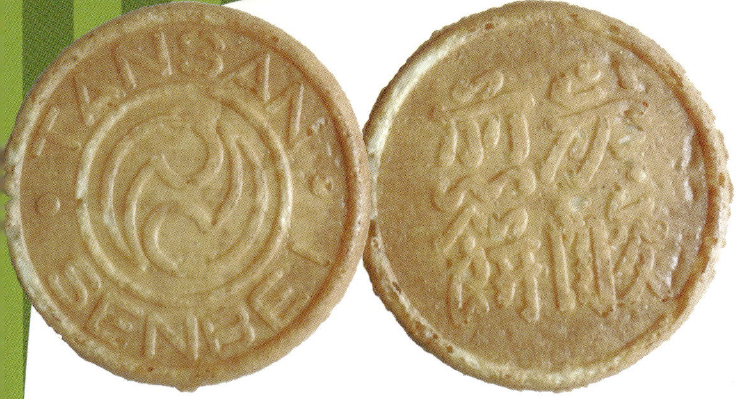

鹿野「炭酸せんべい」（城崎）。１つの缶に、２種の焼き型。

株式会社ツルヤ「鉱泉せんべい」（小諸）。クロレラ入りという変わり種。

玉泉堂本舗「温泉煎餅」（道後温泉）。湯玉（宝珠）の形がかわいらしく、裏面の文字にはバリエーションがある。少し瓦煎餅を想わせるお味。

「伊豫の湯の　汀に立つる　霊の石
これぞ神代の　志るし　なりける」。

チェコの温泉地では、煎餅を食べつつ、飲泉カップ（P68 参照）でお湯をチビチビ飲みながら、ぶらぶら歩くのが湯治なのだとか。

チェコではクリーム入りがスタンダード。重層になっているものもあります。

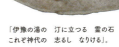

お宿とお湯のインデックス

※日奈久のお宿と、コラムページのお宿については、各ページに記載

◆山あいの宿　うえだ（P22）
静岡県伊豆市上船原　466-1
☎0558-87-2020
https://www.yamaai-ueda.com/

◆伊東温泉　ハトヤホテル（P41）
静岡県伊東市岡　1391
☎0557-37-4126
http://www.hatoyahotel.com/home/

◆四万温泉　積善館（P53）
群馬県吾妻郡中之条町四万甲　4236
☎0279-64-2101
http://www.sekizenkan.co.jp/

◆四万温泉　湯の宿　山ばと（P59）
群馬県吾妻郡中之条町四万　4358-11
☎0279-64-2217
https://www.yamabato.com/

◆御夢想の湯（P60）
群馬県吾妻郡中之条町四万　4372-1
問い合せ◉0279-64-2321
（四万温泉協会）

◆四万温泉　四万グランドホテル（P61）
群馬県吾妻郡中之条町四万　4228
☎0279-64-2211
https://www.shima-grand.com/

◆河原の湯（P61）
群馬県吾妻郡中之条町四万　4228-2
問い合せ◉0279-64-2321
（四万温泉協会）

◆四万温泉　柏屋（P62）
群馬県吾妻郡中之条町四万　3829
☎0279-64-2255
https://www.kashiwaya.org/

◆四万温泉　湯元　四萬館（P62）
群馬県吾妻郡中之条町四万　3838
☎0279-64-2001
http://www.shimakan.com/

◆海さんぽ　ごいし荘別邸（P76）
岩手県大船渡市末崎町大豆沢46-1
☎0192-29-3170
http://umisanpo.info/

◆大沢山温泉　大沢館（P99）
新潟県南魚沼郡塩沢町大字大沢　1170
☎025-783-3773

◆東湯（P118）
熊本県八代市日奈久浜町　232

◆**松の湯**（P119）
熊本県八代市日奈久中西町380-1
☎0965-38-0573
http://matsunoyu.iinaa.net/

◆**日奈久温泉センター　ばんぺい湯**（P125）
熊本県八代市日奈久中町316
☎0965-38-0617
http://www.hinagu-spa.com/

◆**ヤング劇場・旅館　ヤングセンター**（P164）
大分県別府市大字鉄輪224
☎0977-66-0146
http://www.youngcenter.jp/

◆**鉄輪　むし湯**（P172）
大分県別府市鉄輪上1組
☎0977-67-3880

◆**駅前高等温泉**（P172）
大分県別府市駅前町13-14
☎0977-21-0541

◆**鉱泥温泉**（P173）
大分県別府市小倉6
☎0977-66-0863

◆**紙屋温泉**（P173）
大分県別府市千代町11-27

◆**ひょうたん温泉**（P174）
大分県別府市鉄輪159-2
☎0977-66-0527
http://www.hyotan-onsen.com/

◆**竹瓦温泉**（P175）
大分県別府市元町16-23
☎0977-23-1585

◆**べっぷ　野上本館**（P178）
大分県別府市北浜1-12-1
☎0977-22-1334
http://www008.upp.so-net.ne.jp/yuke-c/

◆**旅館　志美津**（P193）
大分県由布市湯布院町湯平263
☎0977-86-2111
http://www.r-shimizu.jp/

◆**砂湯**（P196）
大分県由布市湯布院町湯平568-2
問い合せ◉0977-86-2367
（湯平温泉観光案内所）

◆**橋本温泉**（P198）
大分県由布市湯布院町湯平503-7
問い合せ◉0977-86-2367
（湯平温泉観光案内所）

◆**白水鉱泉**（P202）
大分県由布市庄内町阿蘇野2278
☎097-597-3267
（白水鉱泉受付事務所）

◆**長湯温泉 大丸旅館外湯 ラムネ温泉館**（P205）
大分県竹田市直入町大字長湯7676-2
☎0974-75-2620
http://www.lamune-onsen.co.jp/

◆**高峰温泉**（P214）
長野県小諸市高峰高原菱平704-1
☎0267-25-2000
https://www.takamine.co.jp/

◆**元湯 環翠楼**（P229）
神奈川県足柄下郡箱根町塔之沢88
☎0460-85-5511
http://www.kansuiro.co.jp/

あとがき

本格的な取材を始めてから描き上げるまでに、丸3年を費やしてしまった。SNSで今見たものを即座に発信する時代に、まったくもって、のろまな話である。

まずは、この本に関わって下さった全ての方に、御礼申し上げます。

取材させて頂いたお宿やお店はもちろんのこと、せんべいの収集に協力して下さった方々、遅筆な私たちを励まし続けてくれた友人たち、50ページを超える増ページにも怯むことなく一緒に進んで下さった編集Kさん。挙げればきりの無い程に多くの方たちに後押しされて、この本を描き終えることが出来ました。

ありがとうございます。

いくつもの温泉浴衣をめぐる旅は、私たちにとってはひとつの長い旅のようで、この間に起きた旅以外の出来事までもが、旅の一部であったように思い出されます。

相次ぐ自然災害、大事な人の旅立ち、新しい挑戦に旧友との再会。柿とレモンの相性の良さを発見して喜ぶような日常を送りながら、私の頭にもうにさの頭にも白髪が増え、日奈久のお味噌は我家の定番となり、気丈だった父や母も少しだけ弱音を吐くようになりました。
そして、平成最後の年にこの本は出版されます。
昭和生まれの私たちにとって、平成の30年間はサラサラと流れて進むような時間でした。
今はまだ、この区切りに対して大きな感慨のようなものも持てずにいますが、いつの日か振り返ることが出来るように、平成の小さな記録を記したものを作りたかったのかもしれません。
描き終った原稿を眺めながら、そんな風に自分たちの仕事について考えました。サラサラと流れてしまわないように、本という形に留められたことを、とても嬉しく思っています。

願わくば、この本が手に取って下さった方たちの旅のきっかけとなりますよう。

2019年（平成31年）2月
スタジオクゥ　ひよさ&うにさ

温《おん》泉《せん》浴衣《ゆかた》をめぐる旅《たび》

コミックエッセイの森

2019年2月27日 初版第1刷発行

〔著　　者〕 スタジオクゥ　ひよさ&うにさ

〔発 行 人〕 堅田浩二
〔本文DTP〕 松井 和彌
〔編　　集〕 小林千奈都
〔発 行 所〕 株式会社イースト・プレス
〒101-0051 東京都千代田区神田神保町 2-4-7　久月神田ビル
Tel 03-5213-4700　Fax 03-5213-4701　http://www.eastpress.co.jp/

〔印 刷 所〕 中央精版印刷株式会社
〔装　　幀〕 坂根 舞（井上則人デザイン事務所）

ISBN 978-4-7816-1752-7　C0095